LE GOÛT DES MOTS

UNE COLLECTION DIRIGÉE PAR PHILIPPE DELERM

LES MOTS QUE J'AIME

Pour leur sens, leur sonorité, et le plus souvent pour le rapport de la musique avec l'idée, de la cadence avec l'imaginaire. Les mots que j'aime. Pour le pouvoir qu'ils ont sur moi, et pour l'écho que je leur donne. Les mots qui touchent, ceux qui font sourire. Et ceux que je déteste, quelquefois. Des personnalités reconnues pour leur amour de la langue livrent ici beaucoup de leur être le plus secret en voyageant en toute liberté avec les mots qui leur ressemblent.

Ph. D.

COQUELICOT

Anne Sylvestre

COQUELICOT

et autres mots que j'aime

ÉDITION AUGMENTÉE

Points

Cet ouvrage est une réédition, enrichie de 10 textes, de celui paru en 2014
dans la même collection.

ISBN 978-2-7578-7877-4

À Marie ma petite sœur

Coquelicot

C'est un cri, c'est un appel, c'est un mot de joues rouges et de course folle dans les blés, de mollets piqués par les chardons, de roulades et de cul par-dessus tête dans le fossé.

C'est un mot claquant, insolent, cueille-moi si tu l'oses, je me fanerai aussitôt mais regarde : je suis légion. Je pousse et je re-pousse, et dans cette flaque rouge tu ne sais plus où poser les yeux. Coquelicots, cavalcade, concours à qui sera le plus rouge, tes joues ou moi.

On en faisait des poupées. On cueillait une fleur, sa tige bien longue, et puis après avoir rabattu et noué d'un brin d'herbe sa jupe de soie écarlate, on cassait un bout de la tige pour la piquer en travers du corselet, comme des bras maigres, petite danseuse, marionnette fragile qui ne durait que le temps du plaisir.

Rafistoler

Il n'est pas de la haute. C'est un roturier. Il n'a pas bac++ et il s'en passe. Il a la casquette sur l'œil, les mains habiles et le sourire encourageant. Il ne peut rien promettre, il n'a pas la notice, mais il va voir ce qu'il peut faire. Chez lui c'est à la bonne franquette, ça sent les moyens du bord, c'est le royaume du « ça peut servir ».

Il garde tout, et même, il récupère, chez vous, dans la rue, dans les décharges, aux Puces et dans les ventes de trottoir.

Il va raccorder un bout de truc à un morceau de machin, trouver sur une moitié de chose exactement le rouage qui lui manquait, qu'il fera tenir avec un fil pris, tu sais, là-bas sur le bidule dans le coin, oui, l'affaire qui ne servait plus à rien.

C'est pas de l'art. Il ne sait pas combien de temps ça va marcher, mais on peut toujours essayer.

Il sera même capable de récupérer un cœur en détresse, et de le remettre en état. Il a tout ce qu'il faut pour ça, ça tiendra ce que ça tiendra. Qu'est-ce qu'on risque ?

Coulisses

C'est le lieu magique de toutes les métamorphoses, la ligne invisible où la ballerine retombe de ses pointes, où le cygne redevient canard. C'est cet endroit étrange où le Malade n'est pas encore Imaginaire ; c'est l'épingle à nourrice à l'ourlet de la chanteuse, le violoncelle accordé une dernière fois, le verre d'eau avalé à la hâte, le texte revu (c'est quoi le troisième couplet ? Pas plus vite, la coda…). On se tient les mains, on s'embrasse, bonne traversée… C'est, bricolé avec un bout de tuyau, le « truc » qui d'une goutte d'eau tombant sur un miroir brisé fera naître toutes les irisations d'un lac en plein soleil, c'est un morceau de tôle découpé qui, placé devant un projecteur, fera éclore une voie lactée, c'est un fouillis de câbles, de loupiotes bleuâtres, le sourire rassurant d'un homme en T-shirt noir, une main secourable pour passer les obstacles, c'est l'instant toujours renouvelé, jamais indifférent, où cachée encore derrière un pan d'étoffe noire, je me demande une fois de plus ce que je fais là, si ça ne serait pas plus simple de mourir sur place, là, tout de suite, et où j'implore, sans savoir exactement qui ou quoi : aidez-moi !

Avant de sauter dans le vide.

Avec le sourire.

Agate

On les appelait des agates. C'était notre richesse. C'était aussi notre armée. Pendant ces jours où mes frères voulaient bien m'accepter dans leurs jeux, je devais porter un pantalon et m'appeler Gustave, mais c'était peu cher payé pour un tel privilège !

Dans une cour gravillonnée, sous de grands sapins, nous tracions des allées, des routes, des fortins, des rivières, où nous faisions évoluer tout un contingent de billes multicolores. Les billes en terre étaient les simples soldats, celles en verre, avec leurs tourbillons colorés, étaient des officiers, et j'ai le souvenir d'un très gros calot rayé de jaune et de noir, qui était mon général, et qu'on eut la bonté de ne pas faire prisonnier trop souvent, pour éviter sans doute des trombes de larmes !

La stratégie militaire n'était pas mon fort, mais j'étais si heureuse de participer que j'aurais accepté bien pire ! Il est certain qu'entre les deux États souverains qu'étaient la Jehannie et la Polotie, ma petite principauté de Nanisie ne faisait pas le poids. Je fournissais vaillamment des prisonniers, des otages, des cantinières, et quand je n'avais plus personne, je pleurnichais un peu. Et j'attendais l'armistice. Jean me cédait quelques bidasses, mais Paul était intraitable, victorieux… jusqu'à la prochaine bataille.

C'était merveilleux d'avoir des frères, je crois que je n'imaginais pas la vie autrement. Je les admirais passionnément, et je guettais les quelques miettes d'attention qu'ils voulaient bien m'accorder. Ils étaient si unis, tous les deux, comme s'ils avaient formé une seule entité, que je les sentais autour de moi comme un rempart.

Quand ils sont venus à me manquer, démunie, morte de froid, je n'ai jamais cessé de les chercher, et toutes les fois que je les ai trouvés, ces frères de remplacement, ces frères d'élection, ils étaient toujours par deux.

J'attendais qu'ils me rendent mes agates.

Ricochets

L'étang est calme et doux sous un soleil matinal. À ses rives quelques roseaux se balancent pensivement, les grenouilles se réveillent à peine, après avoir fait la java toute la nuit, des libellules zinzolinent, et l'inévitable martin-pêcheur vient de passer comme un trait bleu électrique, tout est tranquille.

Soudain plop plop plop plop… Une petite pierre plate et polie, lancée de main de maître vient d'effectuer un impeccable ricochet, suivi d'un autre, puis d'un autre encore, toujours aussi réussis, jusqu'à ce que, sans doute, les munitions viennent à manquer. Peut-être il n'y a pas pléthore de petites pierres plates et polies, prêtes à plonger…

Parfois, si je n'y prends pas garde, il vous arrive de venir rebondir à la surface de mes rêves, plop

plop plop plop comme une petite pierre plate et persistante.

Plop plop plop plop et vous passez.

Vous doutiez-vous que vous faisiez des ricochets ?

Aiguillée

L'aiguillée, c'est l'exacte longueur de fil ou de coton nécessaire à la brodeuse pour réaliser son motif. Si son aiguillée est trop courte, elle devra s'arrêter en chemin, faire un point d'arrêt puis un nouveau nœud pour en repartir une nouvelle, mais ça sera moins beau si on retourne l'ouvrage, et la broderie se juge aussi par son envers.

Si en revanche l'aiguillée est trop longue, cela fera du gaspillage, car le bout restant sera trop court pour repartir un motif. Sans compter qu'un très long fil oblige à faire des gestes de bras excessifs, qui retardent le mouvement. C'est tout l'art de la brodeuse, de savoir organiser son travail en respectant à la fois l'économie et la beauté de l'ouvrage.

Je dis « brodeuse » et l'on pourra me reprendre là-dessus. Il y a eu, il y a encore des brodeurs, des hommes aux doigts habiles aimant le contact de l'étoffe, et la beauté qui émane de tous ces points minutieux, de ces fils colorés ou ton sur ton ; aimant aussi par-dessus tout ces prétextes délicats au silence, à la méditation.

Mon ami Laurent, magicien des fleurs, brode aussi, à ses moments trouvés, des nappes, des têtes de draps qu'on croirait sortis de l'atelier d'une fée. Parfois il les dévoile, l'air mystérieux, les sort de leur papier de soie. Et nous rêvons…

Au temps de la marine à voile, lors des longues journées, à la recherche du vent et des lieux de pêche, les marins, dit-on, brodaient au petit point des tapisseries naïves, sachant rendre douces leurs grosses mains malmenées par les filets. Que de fleurs, que de voiles, que de sirènes ont dû éclore à leur bord !

À l'image de ces brodeuses, si prévoyantes quant à la longueur de leur fil, je me dis parfois qu'on devrait mesurer la longueur de patience qu'il faudra pour arriver à vivre certaines choses, la longueur de peine ou de douleur nécessaire pour vivre les chagrins, mais ne pas oublier la longueur illimitée du bonheur à vivre et à donner, pelote qu'on laisserait se dévider, se dérouler sans qu'il soit besoin d'y faire un nœud.

Savoir bien mesurer sa dernière aiguillée…

Petits mots

Attendant une visite, et devant m'absenter pour cinq minutes à la poste, je colle sur ma porte un petit papillon vert « J'arrive ». Revenant au galop, je trouve mon petit mot à sa place mais mon amie Éliane (qui a la clé) l'a transformé en « Je suis arrivée » et m'accueille avec un éclat de rire. Ça m'a enchantée. J'adore les petits mots, et la façon dont ils ponctuent ma vie.

Petits mots, mémos ou pense-bêtes, petits mots de tendresse, recommandations ou simples rires (même si on les nomme à présent « post-it »), on en trouve de toutes les couleurs, et c'est bien pratique ce petit trait de colle, on peut en poser partout. Permanent près de la porte : n'oublie pas tes clés, ton téléphone ! À la cuisine : ne pas brancher le four électrique, il ferait tout sauter ! Au secours quelqu'un ! La cafetière fuit !

Chez nous, jamais personne n'a quitté la maison sans laisser derrière soi, sur la table, un bisou, je rentre à telle heure, je n'ai pas voulu te réveiller, encore bisou, je rapporte le pain, les fleurs, le journal… Il y a des surprises dans le frigo, qui a mangé tout le chocolat ? Laisse bien la clé sous le pot de fleurs, je t'aime… et des petits cœurs sur l'oreiller, dans les poches du manteau… infime douceur pour plus tard.

Me jugera-t-on mal si, volontairement, j'omets, j'oublie les petits mots cruels, menteurs, assassins dont on peut assombrir la vie ? Je voudrais les annuler, les empêcher de nuire, d'un froissement de papier et continuer d'avancer, Petite Poucette jalonnant ma route de bouts de papier, de pense-pas-bête, pour ne surtout pas oublier de rire, d'aimer, de vivre.

Mer

C'est un mot-coffre. Coffre aux trésors. De cuir ou de bois précieux, clouté, incrusté d'argent et de pierreries, ou ficelé de cordages, enluminé d'algues brunes ou vertes, éraflé, réticent à divulguer ses secrets, ou prodigue de ses cadeaux, multiple merveille.

L'ayant ouvert, j'en sortirais des coquillages, petites porcelaines enroulées sur elles-mêmes, couteaux plats si fragiles ou nacres précieuses, j'y trouverais des galets qu'on ramasse un à un et qu'on jette à mesure qu'on en trouve de plus beaux, des roses, des gris, celui-ci est en forme de cœur. J'y réveillerais les vacances à Perros-Guirec et mon premier maillot deux-pièces, que je perdais en plongeant dans les vagues, la fraîcheur sur la peau et le sel qui cristallisait en séchant et que je léchais sur mes bras, je sentirais dans mes mains la brûlure des écoutes du premier voilier qui me fut confié dans l'archipel des Glénan, je revivrais la magie d'une traversée où je barrai pendant des heures, en tirant des bords, de Belle-Île à Groix, je reverrais grandir au loin, par vent arrière, les tours de La Rochelle, je ferais résonner les éclats de rire d'enfants qui, dans la calanque, n'en finissaient pas de grimper, puis de tomber, et de regrimper à bord d'un matelas pneumatique, je m'extasierais à la vue d'une sirène jaillissant des vagues, sur une plage immense près d'Almería, j'essaierais de sauver les châteaux de sable de Georges, à Noirmoutier. Malchanceuse, je guetterais en vain les baleines à Tadoussac. Je regretterais une fois encore le beau plongeur à qui la magie des profondeurs fit oublier de respirer son oxygène. Je revivrais tant de plongeons, les yeux grands ouverts, vers tous ces bleus, vers tous ces verts, et les bulles argentées, les poissons frôleurs.

La mer… je n'en finirais pas !

Mais je le refermerais, ce coffre, en laissant dans le fond, bien oubliés, les jours où j'ai pleuré dans l'eau.

De l'eau dans de l'eau, bien inutile.

Oh que la mer me manque
Que la mer est loin…

Tramway

Ils ferraillaient dans les rues de ma ville natale, ils brinquebalaient le long de leurs rubans de fer, ils me faisaient peur. J'étais petite et on m'emmenait apprendre le piano chez une dame qui me tapait sur les doigts.

On m'emmenait à la « vogue » aussi parfois, monter sur un manège de bateaux qui tournaient sur de la vraie eau bleue.

On racontait, et ce n'était pas rassurant, que des gens avaient été obligés d'abandonner une chaussure, le talon coincé dans un rail, bien heureux encore de n'y avoir pas laissé le pied. Ou encore on parlait de cyclistes dont la roue avait été happée par ces traîtresses barres de fer. Ça me donnait des cauchemars.

« Pont-Mouton-Trois Renards », annonçait le contrôleur, sa petite machine à la ceinture pour distribuer les billets.

Quel Mouton ? Jamais vu de mouton. Pas plus que de Renards, mais je les imaginais se courant après, se mordant la queue et j'aurais bien aimé jouer avec eux.

À présent, je l'appelle familièrement le tram, et je l'aime.

Dans le quartier de ma ville où il passe, je le vois s'avancer mollement comme une grosse chenille pacifique, broutant l'herbe que l'on a semée sur son passage. J'embarque et je me sens comme en voyage d'agrément, comme si j'allais voir la mer. Les gens sont calmes et les stations, dans mon quartier, portent des noms d'héroïnes : Maryse Bastié, Ella Fitzgerald, Delphine Seyrig, Marie de Miribel, Séverine… On me prévient gentiment que la station est en pente, on ne voudrait pas que je tombe !

Un jour, quand on aura bien raccordé tous les morceaux, je me paierai le grand tour. J'emporterai de l'eau, des biscuits et je ferai des sourires aux gens.

Je mettrai ma plus belle robe.

Mais j'irai seule, pour bien profiter du paysage.

Nin-nin

Ce dut être mon premier mot. Et quand je dis « mot » ! Un souffle, un nuage de mot, un simple bourdonnement, un ronronnement... nin-nin, nin-nin, il ne demandait pas un gros effort, un tout petit bout de langue posé contre un petit palais, sans forcer, la bouche à peine entrouverte, un son minuscule qui passait par le nez et qui faisait papillonner les yeux, nin-nin, nin-nin, qui annonçait le bercement, l'enfouissement... « viens faire nin-nin » et aussitôt on cherchait des genoux accueillants, des bras tendres et ce balancement, nin-nin nino, nin-nin ninette, et si un pouce trouvait le chemin du bec, on le laissait faire, c'était du sur-mesure, du bien à soi, du moyen-du-bord.

On attrapait en rêvant un mouchoir, une couche, un bout de couverture effilochée, une bordure de satin où on frottait son nez et qui devenait par extension « le nin-nin ». L'indispensable, le consolateur, celui qu'on abandonnait dans les coins mais qu'on retrouvait toujours, le compagnon des nuits sans veilleuse et des cauchemars où des chiens nous mordaient les jambes, avant que maman vienne nous sauver, nin-nin mon amour, nin-nin ninounette, nin-nin ce n'était rien. Il n'y a pas de chiens, nin-nin.

Écluse

Déjà le mot est beau.

Cet « é » si clair, qui interpelle, qui allume. Et puis « cluse » comme des mains ouvertes laissant s'échapper de l'eau, comme un ruissellement.

Écluse, un escalier d'eau.

J'étais une chèvre de onze, douze ans, en vacances au bord de la Saône, une bique un peu sauvage, souvent seule car ma copine, la fille d'à côté, devait « aider sa mère » aux tâches ménagères. Et je vagabondais. J'allais aux écluses, de petites constructions métalliques au-dessus de ruisseaux au milieu du marécage. Je les franchissais avec la peur délicieuse de tomber au milieu des roseaux et des lentilles d'eau.

Plus tard, dans mon adolescence suresnoise, je descendais à la Seine regarder les péniches franchir leurs escaliers d'eau. Et j'enviais les gamins qui couraient le long des bateaux, les petits chiens, le linge qui séchait sur une corde… toute cette vie au ralenti concentrée sur quelques planches, et les tas de charbon ou de sable qu'on emportait avec soi.

M'est restée cette nostalgie d'un voyage sur les canaux, d'une croisière rêveuse que je ne ferais déjà plus, au long d'un paysage qui se déroulerait lentement, comme une toile brodée de peupliers.

Et des écluses, des écluses…

Cigarette

Je sais, je sais, c'est l'ennemie et je m'aventure sur un terrain glissant. Alors que je trace son nom sur mon petit cahier quadrillé, déjà je sens que c'est inutile et qu'une aimable censure se chargera d'omettre cette page. Non ! on ne m'en voudra pas de m'être oubliée au point de souiller un ouvrage jusqu'ici plutôt bienséant par une évocation diabolique. Peut-être même le ferai-je de mon propre chef.

Hypocrite, je dirai que je voulais parler de ces petits biscuits roulés qu'on déguste plantés dans une coupe de glace, ou encore de ces pantalons tubulaires dont la forme avantage si bien les jambes maigrelettes.

Mais qu'on me permette au moins un grain de nostalgie datant de l'époque où j'ignorais tout de ce plaisir néfaste.

La petite fille qui adorait son papa s'enfouissait dans son épaule, elle aurait reconnu son odeur entre mille. Quand elle pouvait se faufiler dans la chambre de ses parents, elle plongeait son museau dans les oreillers, alternativement Camel et *Cinq* de Molyneux, Gauloises et Pétrole Hahn, maman, papa, maman, papa, jusqu'à en avoir la tête qui tournait.

Et puis maman avait un si joli fume-cigarette en argent, quand elle buvait son café-filtre dans un mazagran. Et ça sentait si bon !

Tant pis, j'arrête de jouer avec les allumettes. Du reste, je demanderai à l'éditeur, si sa mansuétude (ou sa distraction) a laissé passer cette page, qu'il veuille bien la munir de petits pointillés qui la rendront détachable, de sorte qu'on puisse la brûler, si on possède encore un briquet.

Que cet autodafé conjure les beaux souvenirs olfactifs et les belles attitudes. Nous n'aurons plus les doigts jaunes. Et quand nous entrerons dans un bistrot familier pour y boire un verre, ça ne sentira plus la fumée.

Ça sentira les gens.

Marelle

Jeu en forme d'avion qui permet d'aller de la Terre jusqu'au Ciel en sautant sur un pied. Traditionnellement réservé aux filles, car c'est bien connu, les garçons ne sautent pas à cloche-pied. De même que les filles n'iraient jamais taper dans un ballon, voyons !

Chacun son jeu, et les ânes seront bien gardés.

Reposoir

La petite fille est émerveillée, heureuse de sa robe blanche et d'une couronne dans ses cheveux, elle porte aussi des socquettes blanches, des sandales de toile passées au blanc avec une petite éponge (ne marche pas dans la terre) une corbeille est suspendue à son cou par un ruban, emplie de pétales de roses.

Les reposoirs, ces endroits où se reposent les roses. De loin en loin, le long de la procession (quelles images encore fait naître ce mot « procession ») on fait une pause et le serpent reprend sa forme, les retardataires en se hâtant soulèvent un peu de poussière.

C'est le 15 août et la petite fille, appliquée, lance ses pétales de roses pour lesquels maman tout à l'heure a dévasté ses massifs. On marche sur les fleurs, et on s'arrête auprès des reposoirs.

La petite fille s'assied sur la marche (c'est à ça que servent les reposoirs : à faire asseoir les petites filles couronnées de blanc).

Elle regarde passer ces messieurs en robe de dentelles, comme des belles dames. Le premier porte un grand soleil d'or qui étincelle.

D'autres balancent des cages dorées qui fument. Ce sont des encensoirs, dit maman. Mais la petite fille entend « On sent soir » et c'est vrai ! Ça sent bon mais c'est pas le soir… Ce n'est qu'un mystère de plus.

Paul dans sa soutane rouge d'enfant de chœur, trop courte, fait l'idiot. Il ne se repose jamais, lui.

La petite fille reprend sa corbeille, les bras fatigués d'avoir lancé des pétales, mais il faudra encore plusieurs fois se reposer. La route est longue, il n'y a bientôt plus de fleurs.

La petite fille aime sa robe blanche, sa couronne et faire reposer les fleurs.

Elle chante aussi, invente des paroles sur les alléluias.

La corbeille est vide. Repos-soir.

Soupes

Dans le bouillon clair, on déposait une biscotte, et on la regardait grandir, grandir, jusqu'à remplir toute l'assiette.

Mes frères disaient du tapioca que c'était des œufs de grenouille. Je n'ai jamais pu l'avaler.

Quand on y mettait à cuire des alphabets, on écrivait des phrases et on mangeait la soupe froide.

La soupe à la citrouille, on y mettait du sel mais aussi du sucre. C'était comme un dessert. C'était la meilleure.

Mon frère Paul mangeait de la soupe au petit-déjeuner.

Comme c'était un barbare, ça ne m'étonnait pas.

Moi, on n'avait pas besoin de me forcer. C'est pour ça sans doute que j'ai bien grandi. Pour ma communion solennelle j'étais la dernière de la file, avec Paulette Amiot. Les gens disaient : « On dirait une mariée. » Tu parles !

Cahier

c – a – h – i – e – r , c – a – h – i – e – r…

J'avais quoi ? six ou sept ans et j'apprenais l'orthographe.

Pour bien m'entrer dans la tête les suites de lettres qui composaient les mots difficiles, je me les répétais en boucle, c – a – h – i – e – r à l'infini. Car ce « h », cette petite charnière, il fallait le poser à la bonne place pour que le mot se tienne droit.

(Maman tenait beaucoup à ces « h » – haspirés, pour lui plaire j'en perdais le souffle !)

J'appris ainsi, en les épelant, d'autres mots plus douteux ! Par exemple, pendant des trajets en auto, derrière mon père, voyant se succéder sur les arbres bordant la route (il y avait encore des platanes) des plaques émaillées publicitaires, montrant la belle coquille Saint-Jacques qui déjà symbolisait une marque de carburant (ignorant qu'il s'agissait d'un mot anglais), j'égrenais docilement s – h – e – l – l, croyant apprendre « sel », et la maîtresse fut bien étonnée lors d'une prochaine dictée.

J'appris aussi, de la même manière, b – y – r – r – h, mais ça ne me servit à rien. Je crois même n'avoir jamais goûté à cet apéritif tant vanté, dans le métro je crois.

Pour en revenir aux cahiers, je les aime à la folie. J'en ai des boîtes pleines, des tiroirs et des cartons. Je ne sais plus où les ranger, je les regarde parfois mais toujours il m'en manquera un, justement celui-là, là ! Mes amis connaissant mon vice m'en offrent sans arrêt (je prends ça pour une allusion délicate, « écris, mais écris donc ! »).

Ils sont trop beaux, j'ai peur de les commencer, et si j'allais faire une rature, un raté ? J'hésite et j'en commence un autre, bien ordinaire, en papier recyclé jaunâtre, laissant dormir en paix ces papiers faits à la main, pur chiffon, incrustés de paillettes d'or ou de fleurs séchées, ces couvertures en cuir repoussé, parchemin ou toile précieuse, ces merveilleux carnets fermés d'un élastique, et je culpabilise, je me torture : jamais je n'aurai le temps de les remplir tous.

Réaupol-Sébastomur

Ma maman alsacienne possédait, dans sa réserve de mots, un nom.

Un nom invraisemblable, comique déjà dans sa forme première. Était-ce le nom d'un personnage de roman, ou l'avait-elle croisé, en avait-elle juste entendu parler ? Mystère. Toujours est-il qu'elle l'avait gardé précieusement et le ressortait de temps en temps pour nous en faire un jeu comme, disait-elle, elle l'avait fait souvent avec des amies de pension. Et de rire !

Il s'agissait de : Eusebius Knalvourm.

Tourné dans tous les sens, le malheureux devenait ensuite :

Eusevourm Knalbius
Euseknal Vourmbius
Eubius Kanlsevourm

Vourmse Knaleubius, etc.
au milieu des éclats de rire.

C'est dire que nous étions rompus à cette sorte de gymnastique.

Mes deux frères, eux, s'étaient attaqués aux stations du métro parisien, et auprès du noble Réaupol-Sébastomur, il y eut Strasni-Saind'bourg. Montparnue-Bienvenasse qui ne sonnait pas mal non plus. La Motte-Pinelle-Grequet, Faigny-Chalidherbe, et les Chutes-Beaumont me viennent encore facilement sur la langue. Sans oublier Barchouart-Rochebès, ça a de la gueule, non ?

Le dimanche avec ma petite sœur on allait pique-niquer à Varne-la-Mallée ou à Saint-Tèche-la-Brenom (nommé parfois Saint-Brèche-la-Tenon).

J'ai moi-même perpétué cette tradition à la maison avec mes filles, réclamant couramment l'éplume-léguche ou le bire-touchon, la momotte-kinute ou le gras à platin, avant de m'en aller chanter à Charlezière-Méville ou à Fermont-Clerrand.

Sans trempette ni bontour !

Escogriffe

Je n'en connais pas de petit.

On dit toujours un grand escogriffe, avec ce mélange d'admiration et de dérision, voire d'effarement que l'on éprouve devant ce qui nous semble hors norme.

C'est tout en jambes, tout en bras, tout en dents, tout en cheveux ébouriffés, tout en griffes, tout en mouvements désordonnés. Hirsute et dérangeant, il n'est sans doute pas dangereux, mais on s'en méfie pourtant, on ne sait jamais, un coup de coude est vite parti.

Pour moi, la plus belle figure de grand escogriffe que j'aie jamais vue jaillissait d'un bond de la coulisse jusqu'au micro sur une scène de music-hall, avant de gesticuler, de s'époumoner et de postillonner sur les premiers rangs de fauteuils, dans sa générosité à faire partager sa musique, ses chansons, son amour de la vie.

« Ce soir j'attends Madeleine
J'ai apporté du lilas
J'en apporte toutes les semaines
Madeleine elle aime bien ça… »

Cher grand escogriffe.

Cher Jacques Brel.

Transhumance

… et je vois moutonner les chemins devant moi, lentement, lentement au pas de mes troupeaux, et l'infinie patience d'un pas devant l'autre, et l'autre et l'autre encore et jusqu'à l'horizon. L'horizon se recule, on n'en voit pas le fond, marcher marcher marcher au rythme des saisons. L'herbe est meilleure ailleurs mais il faut qu'on la gagne et les sabots cornés font monter la poussière. Épaule contre épaule et d'un air affairé, besogneuses les bêtes avalent les distances et les bergers rêveurs fabriquent du silence, préfigurant déjà leur chère solitude et se remémorant leurs immobilités. Trottinant, le troupeau dévore les attentes, et l'on monte et l'on monte et l'air se raréfie, dans les prairies les fleurs sont en métamorphose, devant on se bouscule, on pressent l'arrivée. Les bergers affairés recomptent leur fortune, houspillant d'un côté, réconfortant de l'autre. La cabane a tenu, quelques planches peut-être malmenées par l'hiver ont pris la clé des champs, on aura bien le temps pour ces tâches modestes. L'herbe est belle et déjà les moutons sont heureux…

Image enjolivée d'un brin de nostalgie
d'une vie que le rêve seul a protégée
et l'écho d'un poème d'Alfred de Vigny
« J'y roulerai pour toi la maison du berger ».

Édredon

Je dis « édredon » et je me pelotonne. J'aime mon lit, passionnément. Peut-être pas au point, malgré tout, de me coucher tôt, je suis un oiseau de nuit. Mais le quitter, le matin, me semble insupportable, quand il est chaud, imbibé de mes rêves, qu'il est devenu un cocon. Pousser une jambe dans un coin plus frais, au risque d'attirer une crampe, me retourner comme une carpe, oh ! le danger de me rendormir !

Je suis devenue une adepte de la couette, si agréable et qui simplifie tellement le ménage. Mais l'édredon, c'était autre chose ! (É-dre-don, cet « é » ouvert comme un bâillement, dre-don, deux fois le « d », consonne douce et délicate, dre-don, dre-don, comme un ronronnement, un fredon, une berceuse).

L'édredon était gros, rebondi, lourd même s'il était rempli de plumes (en Bourgogne on l'appelait un « plumon »), il venait par-dessus, en plus des couvertures bordées, pour mieux nous clouer, nous condamner à sa chaleur. Il est vrai que parfois les chambres étaient si froides (quand le givre dessinait ses paysages sur les vitres) qu'on avait besoin de cette caverne, de ce terrier de marmotte pour survivre à la nuit.

J'ai le souvenir en particulier d'un lit où nous avons dormi ma sœur et moi chez notre tante Marthe. Il était si haut qu'on devait prendre son élan pour y grimper, s'enfouir sous deux édredons avec une sensation de naufragés touchant au port. Nous cachions nos vêtements sous les couvertures pour pouvoir les renfiler à l'abri au matin, chauds de la nuit, avec des contorsions qui nous donnaient le fou rire. Malgré toutes ces précautions et malgré la brique sortie du four qui était censée réchauffer nos pieds, nous grelottions encore longtemps avant de nous endormir dans l'humidité de cette vieille maison.

J'ai une petite nostalgie… mais échangerais-je à présent le confort de mes couettes légères et de mon appartement bien chauffé contre le folklore de ces refuges de satinette ou de finette, roses ou quadrillés de bleu ? Peut-être pas…

S'esclaffer

J'aime rire, j'aime le rire. J'aime les rires, le fou rire et les éclats, les gloussements, les miaulements, les épaules qui se secouent, les ricanements, les reniflements.

J'aime m'esclaffer.

Faire ha ! faire oh ! faire ouh ! faire crrr ! faire aïe ! faire non ! faire oh lala !

S'esclaffer, c'est partir dans tous les sens, se taper sur les cuisses, taper des pieds, du poing sur la table, taper sur son voisin, se tenir les côtes parce que ça fait mal, avoir des crampes, des muscles qui se tétanisent, pleurer, se moucher, aller jusqu'à se rouler par terre, s'estrasser, sauter dans des flaques de rire, hurler, mourir ou presque…

S'esclaffer, c'est se mettre dans tous ses états. Se mettre minable, se faire du bien, exploser et en redemander.

S'esclaffer, c'est mal élevé.

Mais dieux que c'est bon !

Ours

J'ai bien connu un homme qui, à l'âge de six ans, rentrant de la « grande école » un jour, trouva son ours bien-aimé gisant sur le tas de charbon dans le jardin de ses parents. Comme il faisait mine d'aller le sauver, on lui dit : « Tu n'as plus besoin d'un ours à présent, tu es un homme. » Et pour « être un homme » il ravala ses larmes et pendant cet automne et l'hiver qui suivit, sous la pluie, la grêle et la neige, et dans l'indifférence familiale, il put voir chaque jour pourrir un peu plus son compagnon, le confident de ses nuits et de ses peurs.

Plus tard, étant « devenu un homme », il me confia l'histoire, avec un léger sourire. Même pas mal ! ouais…

C'est ainsi que l'on fabrique des handicapés du cœur.

Taciturne

L'année où je fis hypokhâgne – avant qu'on ne m'eût engagée poliment à aller voir ailleurs pour la suite, et que bien m'en eut pris – notre professeur de philosophie – elle s'appelait Dina, elle était rousse et très belle – avait coutume de nous dire : « Mesdemoiselles ! – la mixité n'avait pas franchi les murs du lycée Fénelon – Mesdemoiselles, si les animaux ne parrlent pas c'est sans doute qu'ils n'ont rrien à dirre », le tout en roulant les r car elle était rrusse.

Elle avait dû d'ailleurs me ranger dans la catégorie animale, car elle me terrorisait, sous ses yeux je me liquéfiais et ne parvenais pas à prononcer une parole. Même à l'écrit, je me paralysais sous ses questions.

J'eus, paraît-il, le déshonneur de lui rendre la première copie blanche de sa carrière. Le sujet proposé était : « La notion de fondement ». Ce sont des choses qui ne s'oublient pas.

J'avais dix-neuf ans.

Je n'ai toujours rien compris à la philosophie.

Parrdon, belle Dina !

Frangipane

Il existe des mots que l'on doit expliquer, recoiffer, mettre en scène avant de les présenter. Des mots pour lesquels il faut préparer le terrain, arranger les rideaux, balayer les miettes, baisser un peu le son, afficher un sourire ou une gravité de bon aloi. Bref, des mots compliqués.

« Frangipane », lui, n'est pas de ceux-là. Il vous saute aux narines et au palais, sans ambages, il éclate de sucre, d'amandes et de fleur d'oranger, se faufile sous des croustillances, se cache sous des pâtes quadrillées qu'on effeuille, il vous enrobe, ou mieux vous remplace le cœur, et le sourire qu'il vous façonne ferait penser au paradis s'il existait.

« Frangipane » et aussitôt on pense à la galette. La galette des Rois (et honte à ceux qui la divulguent bien avant le temps, et qui la font durer quasiment jusqu'aux crêpes de la Chandeleur, s'ils osaient ils en fabriqueraient garnies d'œufs de Pâques ! Où serait alors le plaisir, si on tirait les Rois toute l'année ?).

D'ailleurs, qui sait encore de quels Rois il s'agit ? On tire les Rois comme on tire à la courte paille « à qui qui qui sera mangé », ou encore comme on joue au loto, aux gratteux.

Ils avaient pourtant de bien beaux noms : Gaspard, Melchior et Balthazar. Que de mystères aussi dans les présents qu'ils apportaient (à dos de chameau, bien sûr). L'or, l'encens et la myrrhe (m – y – r – r – h – e, c'est quoi la myrrhe, maman ?).

Alors on crie « Vive le roi ! » ou « Vive la reine ! », si le hasard a mal fait les choses, mais l'éphémère souveraine se dépêche de réparer ça en choisissant un roi. Bien heureuse de ne s'être pas cassé une dent sur la fève.

Certaines avalent même la fève par timidité, pour ne pas être confrontées à un choix difficile, ou aux moqueries inévitables.

Mais pensez-y à cette Épiphanie : les trois Rois mages arrivent à la crèche, fourbus mais pleins de cadeaux. Là, ils trouvent Joseph, les bergers, l'âne et le bœuf, il y a même des moutons… et le petit enfant Jésus. Heureusement qu'on n'a pas pu se passer d'une femme pour l'enfanter, celui-là !

Pauvre petite Marie, elle a dû se sentir bien esseulée, au milieu de tous ces mâles. Pas l'ombre d'une bergère, ou d'une brebis. Une vache ou une ânesse aurait pu aussi bien réchauffer le petit, non ?

Il y avait bien les anges, mais bon !

Heureusement, l'Étoile était là.

Automobile

Je suis une automobile.

Si j'ai bien compris, cela signifie que je peux me mouvoir de manière autonome. Sans être attelée à des chevaux par exemple. Ou à des bœufs, comme au temps des rois fainéants.

J'en suis bien aise.

Toutefois, je ne pourrais – ni ne voudrais – me passer de ma maîtresse.

Ma maîtresse ! Ah, cette équivoque me procure un frisson de plaisir, car enfin nous sommes si proches, elle et moi ! C'est elle qui m'a choisie, jusque dans mes moindres options, et ma belle robe verte, c'est à elle que je la dois, c'est sa couleur préférée.

À ma sortie dans le monde, une usurpatrice tenta de s'interposer en prenant ma place, faisant miroiter sa « boîte automatique ». Je vous demande un peu ! Une boîte automatique, et puis quoi encore ? Heureusement, ma maîtresse refusa, préférant attendre encore quelques semaines que je vienne abandonner à sa volonté mon levier de vitesses empressé à lui plaire. Elle m'avait déjà baptisée du doux nom de Berthe. Je le porte avec fierté.

Ma maîtresse dit que je suis sa liberté, son aventure, sa plus fidèle amie.

J'en ronronne de bonheur, je me tiens fièrement sur mes roues, et les essuie-glaces viennent balayer quelques larmes d'émotion.

Sur les péripéties de nos voyages, je resterai discrète. Certains épisodes n'appartiennent qu'à nous. Je lui suis reconnaissante de ne m'abandonner qu'aux mains de quelques personnes choisies, respectueuses en général. Mais c'est elle que je préfère, sa main est douce et sa conduite légère.

Je l'emmènerais au bout du monde ! Enfin… je préfère malgré tout qu'elle ait des désirs plus modestes. Il ne me déplaît pas de rester parfois dans mon parking douillet. J'ai remarqué une Mercedes qui se gare bien près de moi… je me demande ce que ça cache.

On aura compris que j'adore ma maîtresse, et que de son côté elle éprouve un tendre sentiment pour moi. Elle me parle, et dans les périodes plus calmes, elle m'emmène faire un petit tour au bois de Vincennes, pour me dégourdir les roues.

Mieux : elle m'a écrit une chanson. Que demander de plus ?

Compostelle

Le chemin, le chemin, le chemin…

Dès qu'on dit Compostelle, il y a toujours quelqu'un pour déclarer qu'il « l'a fait » ou qu'il va le faire, ou qu'il connaît quelqu'un qui en revient, ou que sa cousine y va par petits bouts, un peu chaque année, que c'est bien aussi de l'essayer à l'envers, en commençant par l'Espagne, que ça serait merveilleux s'il n'y avait pas les chiens, qu'heureusement il y a des auberges mais il faut prévoir, et qu'on recommencerait bien l'année prochaine et qu'au lieu de partir du Puy on partirait de Vézelay.

À une certaine époque, j'avais dans mon placard un petit sac que je tenais prêt, avec juste ce qu'il fallait pour voyager léger, et une paire de chaussures de marche.

Il était là et ça me rassurait. Je savais que je pouvais partir, à tout moment, si l'appel se faisait plus fort.

À rêver de Compostelle, je rêvais de tous les chemins, de tous les pèlerinages, de toutes les marches. Je rêvais de déserts aussi, de solitude et de redécouverte de moi.

Et de silence, évidemment.

Je ne suis jamais partie.

Le petit sac est resté dans son placard. Il a pris la poussière, puis un jour je l'ai vidé, j'ai dispersé son contenu et j'ai jeté les chaussures, je ne voulais plus les voir. Elles figuraient pour moi un regret, un remords.

Et mon ami Pierre est arrivé avec son désir de chemin. Il en a parlé, puis il a tout préparé, minutieusement, au gramme et au kilomètre près, plein de soleils dans ses yeux bleus.

J'ai failli partir avec lui, un jour, deux jours, mais je n'étais plus assez légère, les choses m'enchaînaient le pas, c'était trop tard et j'avais jeté mes chaussures.

Je lui ai alors demandé de marcher pour moi, comme on le faisait au Moyen Âge, on envoyait quelqu'un faire le pèlerinage à sa place, et gagner des indulgences.

Pour moi il a cheminé, à journées lentes, son sac devenant plus léger à mesure qu'il mangeait ses provisions, et lui aussi plus léger au bout du compte, un bâton à la main pour éloigner les chiens et assurer son équilibre si les talus se faisaient rudes, il a déroulé les paysages et visité les basiliques, les monastères, les auberges, rencontré gens de toutes sortes, chanté pour lui et pour les étoiles, pour le soleil levant et pour les alouettes, il est revenu les larmes aux yeux, les pieds amincis par en dessous, et heureux, heureux !...

Il marchera sur d'autres routes, et je continuerai mes trajets de rêve, j'arpenterai tous les déserts, je ferai tous les pèlerinages, je n'aurai pas besoin de sac, ni de chaussures, et mes regrets me serviront de couche, à la belle étoile.

Je suis une nomade empêchée.

Horions

C'est rare qu'il soit au singulier.

Le mot est beau, Horions (« H » aspiré, maman, tu dois être contente. Et je l'aspire, tu as vu ? Je l'aspire !)

Il est sonore, il est noble, il est chevaleresque. « Ils échangèrent force horions » et l'on imagine un tournoi, un affrontement de paroles courtoises, bien tournées, entre gens de bonne compagnie, et on le fait rouler sur sa langue, horion, horion, si riche de sonorités évocatrices... Déception.

Renseignements pris, un horion serait un coup, un bête coup, un gnon, une mandale, une mornifle, un ramponneau, un qui fait mal, une baffe, un camouflet. Quelle désillusion. Et s'il est souvent au pluriel, c'est qu'il est rare qu'après le premier coup, on s'arrête en si bon chemin.

Je l'aimais bien pourtant, « horions ».

J'ai aspiré le « h », maman, comme tu me l'as appris, mais ça n'a pas suffi à le rendre plus aimable. C'est sans doute la raison pour laquelle on l'emploie peu souvent.

Je parle du mot, bien sûr !

Lavandière

Je dis « lavandière » et tout devient bleu, de ce bleu qui n'en est pas un, si près du mauve qu'il en est presque gris, le bleu de ces boules de bleu qu'on glissait dans la lessiveuse pour faire le linge plus blanc. Encore un de ces mystères.

Pourtant, je me méfie de ces clichés, de ces chansons qui exaltent des lavandières coquines, joyeuses, papotant et aguichant les hommes de passage « et tape et tape avec ton battoir ! et tape, tu dormiras mieux ce soir. » Ah ça ! pour dormir… y pensaient-elles seulement ? et je me figure leurs pauvres mains, leurs mains rougies, gercées d'avoir frotté le linge par tous les temps, ces draps de lin grossier qui les écorchaient, qui leur rompaient les reins, leur cassaient les genoux, je me méfie de ces fantasmes de draps séchés sur l'herbe en plein soleil – et qu'il fallait rentrer à la hâte à la première goutte de pluie.

Je veux pourtant me souvenir avec tendresse de la vieille maman de mon ami Godefroy, neuvième enfant d'une fratrie bretonne, à qui bien âgée déjà son fils reprochait d'aller toujours rincer son linge à la rivière, et qui répondait : « Mais tu vois ? La rivière fait la moitié du travail : je lance mon drap, et elle me le ramène. »

J'avais une amie qui haïssait si fort ce geste de frotter deux plis d'étoffe l'un contre l'autre, que jamais elle ne s'y résolut, préférant encore fouler son linge aux pieds, et qu'elle claqua ses premiers sous dans l'achat d'une des premières machines à laver, qu'on venait voir comme une curiosité.

Pour ma part, je préfère penser que la lavandière est cette fée qui fait pousser la lavande, ce parfum d'innocence que l'on enferme dans des petits sacs en tissu, et qu'on offre aux amis en rentrant de vacances, pour qu'ils en embaument leurs tiroirs.

Pourtant

Vous ne jouez plus de guitare ?

Pourtant ça vous allait si bien !

Eh oui, madame.

Quelle nostalgie dans ce « pourtant ».

Que de regrets, que d'injustice aussi.

« Pourtant », c'est le décalage, c'est l'hiatus entre l'attente et le résultat, c'est la prise de conscience de ce qui aurait pu être et qui n'est pas, il s'est passé quelque chose, mais quoi ?

Vous avez raté votre gâteau, il est immangeable, « pourtant » vous y aviez mis tous les ingrédients requis par la recette, tous vos soins et votre cœur aussi, et peut-être même une bague, comme Cendrillon.

« Pourtant », c'est le centimètre qui sépare vos mains du trapèze, vous aviez fait tous vos exercices, cela faisait des années que vous réussissiez cette voltige.

« Pourtant » n'a que faire du mérite, de la justice ou de l'espoir, c'est un impondérable cruel, c'est le démon qui se moque de vous.

La fête promettait d'être belle, tout y était, les guirlandes, le champagne et les musiciens, vous deviez en être la reine, robe à volants, ballerines neuves, coiffure féerique, œil de biche et rose aux pommettes, « pourtant » voici que l'un après l'autre ils s'excusent, ils s'éclipsent à la suite de ce squelette fagoté comme l'as de pique, coiffé en nid de pie, avec sa voix de crécelle.

C'est à pleurer !

« Pourtant » regardez mieux : il y en a un qui est resté, beau comme un peuplier, avec son rire plein de soleil et ses taches de rousseur, ses mains ouvertes.

« Pourtant » vous ne l'attendiez plus, il est là.

« Pourtant » fait parfois aussi des miracles.

Livre

Avant même de savoir lire, j'ai eu un livre et je m'en souviens si bien que c'est comme si je le tenais encore entre mes mains.

C'était un petit volume cartonné, relié en toile bleu clair, et je découvris bien plus tard qu'il contenait des contes de Perrault. Je faisais sécher entre ses pages des pensées et des violettes, et je l'emportais avec moi sur ma balançoire où je faisais semblant de lire, en attendant d'avoir la clé de ce monde enchanté.

Quand enfin se fut levé le rideau devant toutes ces merveilles potentielles, je vouai une véritable adoration à mes livres. Je garde un souvenir très vif de certains d'entre eux. Quand on est enfant, on ne traverse pas les livres à toute allure comme on le fait plus tard, mais on s'y installe, on les déguste après les avoir dévorés une première fois. Les miens n'étaient pas nombreux, ce qui explique sans doute que je me souvienne de certains comme d'amis de cœur, souvent feuilletés, emportés dans le jardin ou cachés sous l'oreiller.

J'ai encore en mémoire une *Perlette Goutte d'eau* et un *TTS, cochon aérodynamique* (comment oublier ça ?), plus tard un *Jean l'ours*, un *Max et Maurice* et une *Alice* à la couverture rose et argent, tous disparus au fil des déménagements, et combien regrettés, recherchés plus tard aux étals des bouquinistes, espérant y retrouver une petite signature sur la page de garde.

Et pourtant ce mot « livre » cache son jeu. Il est tranquille et sage, à part peut-être le « v », toujours un peu mauve, un peu mystérieux. Il n'annonce pas des bouleversements, il n'a pas l'air de redouter les passions qu'il va susciter.

L'objet lui-même ne semble pas redoutable non plus, rectangulaire la plupart du temps, accessible, engageant… sournois ; et cette bonne odeur de papier, quel piège !

Adolescente, je recevais quelques livres, à Noël, aux anniversaires. J'aimais qu'ils fussent à moi, les emprunter me gâchait mon plaisir. Je me sentais marâtre, illégitime. Il y eut bien sûr des rencontres lumineuses, *Le Grand Meaulnes*[1], *Le Diable au corps*[2], des coups de foudre, *Salammbô*[3], *Lorenzaccio*[4], *Les Burgraves*[5], *Chantecler*[6], j'aurais voulu tous les apprendre par cœur…

À demi étendue sur un méchant divan, je me suis définitivement ruiné l'épaule gauche en restant à lire pendant des heures, répondant, quand on me rappelait d'autres tâches soi-disant plus urgentes, « Je finis mon chapitre » en prenant la divine habitude de toujours recommencer un autre chapitre après celui-là, incapable de fermer le bouquin (habitude que j'ai gardée, d'autant plus que j'ai maintenant un fauteuil confortable), toujours partagée entre l'envie d'aller vite, de savoir et le désir de ne pas avoir terminé, pas encore, comptant anxieusement les pages qui me séparaient du mot « fin ».

… Puis il y eut *Alcools*[7], « Bergère ô Tour Eiffel le troupeau des ponts bêle ce matin – Mon île

1. Alain-Fournier.
2. Raymond Radiguet.
3. Gustave Flaubert.
4. Alfred de Musset.
5. Victor Hugo.
6. Edmond Rostand.
7. Guillaume Apollinaire.

au loin ma Désirade, Ma rose mon giroflier – … Odeur du temps brin de bruyère Et souviens-toi que je t'attends… », mais ça ce n'était pas un livre, c'était un morceau de mon cœur.

Depuis je ne me suis jamais arrêtée de lire.

Capodastre

Le capodastre est un petit appareil que les guitaristes placent sur le manche de leur instrument et qui, en appuyant sur les cordes, en modifie la tonalité.

On devrait bien inventer un dispositif qui, appliqué sur nos vies, permettrait en appuyant au bon endroit de les faire résonner plus agréablement.

Libellule

Ah non ! pas libellule ! C'est trop facile, tout le monde va prendre libellule, c'est trop joli, c'est trop charmant. Leurs ailes de gaze (ou de tulle, ça rime, mais quand même !), frisson bleu au-dessus de l'étang, gracieuses ballerines et gnagna et gnagna…

Non ! pas de libellule.
Pas d'éphémère non plus.
Parlez-moi d'un beau frelon.
Ça c'est du sérieux, du dangereux.

Mais libellule ! Pfff, libellule !

(Et ça se permet d'avoir quatre « l »)

Œuf

Que de choses à dire sur l'œuf !

Pour commencer, cet « e » dans l'« o » (n'est-ce pas plutôt « o » dans l'« e » ? Je m'y perds. Tout ça pour donner un son qui n'est ni l'un ni l'autre. Et puis cet « f » là, tout seul dans le vide. Décidément, œuf est un drôle de mot.

Drôle de chose aussi (au fait, peut-on dire « chose » ?). Disons drôle de forme. Ce sont les poules qui en ont décidé sûrement, pour qu'il soit plus facilement pondu. Petit bout le premier. D'ailleurs, cette histoire de petit bout/gros bout a suscité bien des polémiques. L'entamez-vous par le gros ou le petit bout ? Si on le pose dans son coquetier petit bout en bas, il tient mieux. Mais se coupe moins bien. En revanche, si on le pose sur le gros bout, il roule. (Moi-même je suis plutôt « petit-boutienne ». Et je m'y tiens.)

… Où me suis-je embarquée ? Et si on oubliait l'œuf ? Ah mais ça reviendrait à oublier la poule, etc. Ah ! non. On ne va pas partir là-dessus. Pas de philosophie. Je veux juste raconter des histoires d'œufs. (Il est drôle au pluriel, et le « eu » ne se dit pas de la même façon, hé hé !)

L'œuf est vraiment la nourriture des enfants. Mes frères en gobaient pour leur goûter. (Beurk !)

Un jour que, petite encore, maman me préparait mon œuf à la coque, ayant coutume de manger le chapeau, distraite elle continua à manger le jaune jusqu'à ce que je hurle « Mon œuf ! » la laissant pleine de confusion. J'appris très vite à casser moi-même la coquille.

Notre folklore familial était riche encore d'une histoire inusable.

Jeune fille comme-il-faut, maman prenait des cours de chant. Une de ses camarades avait coutume avant de chanter, pour s'éclaircir la voix, de gober un œuf cru. Un jour de concours, elle dut oublier cette précaution. L'entourage était en ébullition, les jeunes filles attendaient leur tour, l'émotion était à son comble, quand on vit une mère arriver comme une furie en criant « Mimi ! ton œuf ! » sous les rires des jeunes filles – et la honte de la pauvre Mimi !

Histoires minuscules, petits médaillons de vie que l'on garde en mémoire et que l'on ressort, pour en rire innocemment, pour se souvenir d'avoir été celui-ci, celle-là.

J'ai aimé les œufs de Pâques cachés dans les primevères, et les rires des enfants. (Des œufs de lapin, maman ?)

J'ai collectionné aussi des œufs de bois, de buis ou de cade, des œufs à repriser, patinés à force d'être glissés dans des chaussettes, et on passait le fil dessus-dessous, dessus-dessous… Je suis émue au souvenir de tous ces doigts piqués, de tous ces yeux usés sur l'ouvrage.

Et qu'on ne vienne pas me parler de Christophe Colomb !

Acacia

Qu'il est séduisant avec ses trois « a » ! Quand on le nomme, on a toujours la bouche ouverte. Les deux « c » sont presque symétriques, mais le « i » vient mettre son grain de sel et changer heureusement la sonorité. A-ca-cia, il est élégant comme son nom, j'allais dire son prénom, tant il me semble intime. Il agite ses feuilles, ses familles de petites feuilles bien rangées, et quand l'automne arrive il nous arrose de pièces d'or. Mais il cache son jeu, et de méchantes et longues épines se dissimulent dans la douceur, provoquant des piqûres douloureuses. Pour se faire pardonner, il multiplie les grappes de fleurs blanches à l'odeur sucrée, qu'on trempe dans de la pâte pour en faire des beignets.

Ne pas confondre avec le cytise qui offre, lui, de jolies grappes jaune d'or, mais, dit-on, toxiques !

Nous avions près de la maison un acacia très haut, très orgueilleux et vénérable. Il tenait ses branches si haut que jamais nous n'atteignions ses grappes sucrées. Hélas, il penchait, et avec les années il devint une menace pour le toit de la maison. Il fallut choisir la prudence, et faire venir des bûcherons qui l'abattirent en le démembrant.

Il résista de toutes ses forces, et quand il ne resta de lui qu'une souche imposante, ce fut un véritable enfer pour la déloger. Enfin, il ne demeura qu'un trou, que nous évitâmes de trop regarder.

Mais voici qu'au printemps suivant, dans tout le jardin, dans la cour et même entre les fissures de l'escalier de pierre, on put voir jaillir de tous côtés des petites pousses d'acacia, une tige, quelques feuilles, têtues, insolentes, comme pour nous donner des remords.

Sacré acacia !

Fanfreluche et falbala

Le dictionnaire ne les aime pas.

Il les méprise, autant l'un que l'autre, donnant d'eux une petite définition sèche et péjorativante (je sais, ça n'existe pas, mais tant qu'à parler de mots, on peut bien m'accorder d'en inventer quelques-uns, tant « péjorative » me semblait trop joli pour évoquer un tel dédain, désinvolte et blasé).

Pour moi, je les aime bien, j'aime ce son « f » que l'on produit en posant les incisives d'en haut sur la lèvre inférieure. (Il n'est pas recommandé de le faire en croquant un gâteau sec, mais qui aurait cette idée saugrenue ?)

Fanfreluche, on la termine avec la bouche en cul-de-poule, et elle se met à rire, attendrissante, un peu nunuche, un peu peluche, un poil greluche, dans ses nœuds-nœuds, ses fron-fronces, ses galons, ses boutons, ses poches qui ne s'ouvrent sur rien, ses garnitures et ses bijoux de pacotille, ses fausses peaux de bête et ses crocos en vinyle, elle en fait trop, elle en rajoute, c'est beau ça brille, elle est gentille, il n'y en a jamais assez ; et pour couronner le tout elle embaume, on ne saurait en dire le nom, mais on cherchera longtemps ce parfum, capiteux et léger à la fois, volatil et tenace, embûche ?

Falbala, on ne peut pas le dire sans ouvrir grand la bouche, dans un fou rire. Falbala, c'est blanc, c'est mousseux, ça tourbillonne de petits plis, de volants et de dentelles, futile et farfelu, ça multiplie les frou-frous, les trou-trous, les broderies et les baigneuses, les faux ourlets et les festons, falbala est un jupon qui tourne, mousseline et batiste, fantôme d'organdi, crinoline fragile. Ça se repasse au petit fer et ça sent bon l'amidon, mais peine perdue, ça se froisse aussitôt porté, aussitôt serré, aussitôt enlacé. On aimerait le voir tournoyer sous la neige, frissonnant et froid, et dans un même temps on le voudrait Chantilly, crème fouettée pour agrémenter son café.

Fanfreluche et falbala, farandole frivole, ne vous enfuyez pas, ne nous faites pas… faux bond !

Soupe

… et j'arriverais de voyage.

Au bout de l'allée je pousserais la grille de fer. Elle grincerait un peu.

L'allée de graviers crisserait sous mes pas, je sentirais l'odeur si familière des buis, celle amère des marguerites.

On aurait laissé une lampe allumée au-dessus de la porte.

Je grimperais les trois marches de pierre – la deuxième bougerait sous mon pas. En poussant la porte, j'entendrais des rires, des galopades dans les escaliers. J'entrerais dans la salle à manger. Sur la table, on aurait déposé pour moi, fumante, une assiette de soupe de légumes, avec un nuage de lait.

Et je ne serais plus jamais seule.

Eau

Eau ! Ce mot composé de trois voyelles ! Qui peut se vanter de répondre à un nom aussi pur, aussi simple ? Un seul son, O, bouche arrondie.

Comme aux fontaines ces têtes de pierre qui, faisant mine de siffler, envoient des jets en arc de cercle.

On aimerait parfois la nommer en latin, *a-qua*. La bouche grande ouverte en tirelire, dégoulinant sur le menton et dans le cou. *Aqua simplex*, eau tout simplement.

Et comment s'adresser à elle ? Avec adoration : ô eau ? ou en l'apostrophant : oh eau ! Plus haut, eau !

Impossible, elle se moque de nous. C'est clair comme de l'eau de roche. De l'eau de roche ? qu'est-ce encore ? De l'eau qui sortirait d'une roche ? On n'aurait qu'à taper dessus avec un bâton ? Soyons sérieux. N'est pas Moïse qui veut.

Fontaines torrents cascades et sources, ruisseaux rus et ruisselets, rivières et fleuves étangs lacs flaques, puits citernes et seaux… et je ne parle que de l'eau douce.

Je dis : l'eau douce, et aussitôt je la sens sur ma peau, fraîche après la brûlure du soleil, tendre lorsqu'elle efface le sel laissé par son double, sa sœur violente, l'eau de mer, l'eau mystère, indifférente.

… L'eau. Tout ce qu'on voit dans ses mirages quand on meurt de soif dans le désert. Dans son désert. Cette gorgée tiède et croupie au goût de fer, qui viendrait, ô délice ! nous redonner la vie.

Ne pas penser au déluge mais rire sous la pluie.
Quelle importance qu'on se mouille ?
Ce n'est que de l'eau…

Vaches

J'ai toujours beaucoup aimé les vaches, leurs grands yeux aux cils raides, leur peau qui frissonne le long de leurs gros ventres pour éloigner les mouches, leur démarche chaloupée le long des chemins de campagne, leur façon de se cogner les épaules les unes aux autres, et leur allure déterminée, têtue. J'aime aussi leur habitude de mâchonner, de mâchouiller sans trêve, comme on médite, comme on récite son chapelet.

Aux alentours de mes onze, douze ans, en vacances dans un petit village des bords de Saône, j'eus le privilège, petite citadine que j'étais, d'aller « en champ les vaches » avec les gamins du hameau, Roland, Maurice, qui était mon « conscrit », Josette quand sa mère lui en laissait le temps, et je courais avec le bâton après les bêtes qui s'étaient éloignées, en criant « Ho !

Rosette ! ho ! Ninon ! ho ! ». Je partageais les petits fromages de chèvre emportés pour le goûter, et je m'assis plus d'une fois dans une bouse malicieusement cachée par une touffe d'herbe.

On se suspendait aux branches des saules pour faire le parachute, et on pratiquait un jeu dont je n'ai plus jamais entendu parler par la suite. Il s'agissait, avec un couteau, de tailler, en rond, de grandes tranches de terre herbue en criant « taillardos !! » jusqu'à en perdre la respiration. Ce qui se passait ensuite est un peu flou dans ma mémoire, sans doute Maurice, s'il s'en souvient, pourrait me l'expliquer. Mais je doute d'avoir encore la dextérité nécessaire, pas plus que le souffle.

C'étaient de bien belles journées.

Plus tard, pour ne pas perdre le contact avec les nobles bêtes, j'emmenais mes enfants au Salon de l'agriculture, à Paris. Parfois, on pouvait admirer un petit veau né dans la nuit, ou cette étrange race de vaches de l'île de Jersey, si maigres et pourtant si riches de leur lait.

Si on arrivait à l'heure de la traite, on pouvait repartir avec son bidon de lait tout frais, tiède encore.

Cela semble déjà si loin, si étrange !

Au cours de mes voyages, j'aime qu'il y ait des vaches dans les champs.

Elles se fichent bien des trains.

Mais moi je les regarde. Ça me rassure.

Améthyste

L'Améthyste est une grande dame en robe de soie pleine de reflets, coiffée d'un immense chapeau qui laisse dans l'ombre ses yeux violets et scintillants.

Ce « thy » est le bijou qui brille tout près de son cou de cygne, elle s'entoure de glycines, et de jacinthes, pour y retrouver le « y » et le « th » qui lui siéent si bien.

Elle foule aux pieds des tapis de myrtilles et de thym sauvage.

Hautaine, elle orne le doigt des cardinaux et se laisse embrasser dévotement lors des cérémonies religieuses. Elle ne tolère le diamant qu'en accompagnement, lorsqu'il rehausse sa beauté. Seul, elle le trouve m'as-tu-vu, un brin vulgaire.

Pour sa monture, elle préfère l'or blanc, le jaune est si commun, qui jure avec sa teinte délicate.

Elle juge les perles prétentieuses, et godiches quand elles se tiennent en rangs serrés, la turquoise envahissante, et tellement folklorique !

Elle trouve le saphir exotique avec son nom de prince hindou, la topaze maladive et le grenat vieillot. Seule l'émeraude trouve grâce à ses yeux, c'est une gitane, Esmeralda… Pas de son monde, malgré tout.

Il n'y a guère que l'opale, avec qui elle se marierait bien, mais elle est si changeante, l'opale ! Ça ne marcherait pas.

L'Améthyste, qui se prend pour un mythe… triste…

Paletot

« Mets ton paletot ! »

Mystérieux paletot. Talisman.

« Tu ne vas pas sortir comme ça ? »

Il pourrait y avoir une fraîcheur dans l'air. Ou un soleil trop vif, couvre tes bras ! Cette robe est un peu décolletée. Un coup de vent peut-être, on ne sait jamais. Prends tes précautions. Le petit paletot est la réponse à ces incertitudes.

Ce n'est pas une veste. Pas un cardigan, ça se boutonne. Pas un manteau, c'est trop sérieux, trop encombrant, pas une redingote, un imper, une gabardine, une houppelande (dommage), un trois-quarts, un gilet (encore que celui-ci soit équivoque : parfois il a des manches, et parfois pas, le sournois).

Non, le paletot est un « vêtement de dessus en laine tricotée ». Ça sent son « fait maison »,

son cadeau de grand-mère, ses restes de pelotes de laine raboutées pour en faire des rayures, c'est douillet, c'est familier.

Ce n'est pas un pull, un pull-over, maman disait « poulovre », nos T-shirts, maintenant si répandus, elle les appelait des « loups-de-mer » (pour les Québécois ce sont des chandails), nos débardeurs on les appelait des « tricots de corps », mes frères disaient des « filets à puces » et maintenant ce sont des marcels…

Mais le paletot c'est un paletot, un point c'est tout.

Le mien est en lacet de soie tricoté lâche, il est noir (ça va avec tout), il est doux, il est secourable, je le roule en boule, et ne peux pas m'en passer.

On ne sait jamais.

Et si on me tombait sur le paletot ?

(H)ormis

Hormis vous, mon pauvre ami, tout le monde a trouvé sa chaise !

Pas étonnant, nous étions douze et ce treizième « hormis » par une superstition tenace (bien qu'inavouée) n'avait plus qu'à se trouver un tabouret… ou la porte. Mis dehors, carrément.

Cet « hormis » exclusif (excluant), je n'étais pas sûre de bien l'aimer, jusqu'à ce qu'une de mes belles amies, dans un bref message, ne m'envoie « Ormis ces quelques pluies »… Ô surprise ! Débarrassé de son rigide « h » aspiré (pardon, maman), « ormis » se montrait avenant, de belle humeur, l'air de dire « ces pluies nous ont plu ».

C'était là une de ces charmantes fautes d'orthographe, à peine involontaires, qui se trouvent là comme pour faire joli.

Les a-t-on voulues ? oh ! on a laissé faire, et la fantaisie a fait le reste.

Autant j'abomine les fautes brutales, les futurs en -ais, les participes passés accordés au fil barbelé (« les chansons que vous avez écrit » (*sic*), arrrgh !), autant j'ai d'indulgence pour ces petits arrangements.

Tel qui aimant château ou gâteau écrira bâteau avec un circonflexe pour qu'il ne soit pas jaloux aura ma sympathie.

Échalote recevra souvent deux « t » comme deux petites pattes pour mieux trotter. Pourquoi pas ? ne dit-on pas « la course à l'échalote » ?

Et ces tomates farcies seront-elles doublement farçies, si on y colle une cédille ? Admettons que ça démange les doigts d'utiliser ces fioritures puisqu'on les a sur le clavier.

Cela ne m'empêchera pas, à chaque fois que je le pourrai, de corriger en passant les ardoises des restaurants, en mouillant mon doigt pour effacer la craie… Sous les regards incompréhensifs des autres clients. Elle est folle, celle-là ! Qu'est-ce qui lui prend ? (Ou qu'est-ce qu'il… ?)

Bric-à-brac

C'est un local poussiéreux surmonté d'une verrière, on se trace un chemin hasardeux entre un tabouret bancal, une échelle à qui manquent trois barreaux, une comtoise sans balancier, une commode sculptée surmontée d'une vieille valise remplie de « vinyles » (ne pas regarder, si par hasard je m'y trouvais.), cinq ou six casseroles cabossées d'avant le Tefal, une vitrine remplie de verres en cristal orphelins (ceux que je préfère), trois fauteuils de velours éventrés, une tête de lionne en bronze, signée, une boîte de dentelles, une pile d'assiettes à décor humoristique violemment misogyne, un fer à friser, une moulinette qui ne mouline plus, une guitare aux cordes cassées, un lasso, un cheval à bascule, un peigne à moustache, une poupée sans bras, un voilier sans voiles, une machine à coudre sans sa pédale, une armoire à glace, un fantôme, un carton de livres, *Le Tour de France par deux enfants*, les *Fables* de La Fontaine, *20 000 lieues sous les mers*, *Paroles* de Prévert…

et un raton laveur.

C'est un peu ce que j'ai le sentiment de faire avec ce livre. Un souvenir d'enfance, une histoire, un piano, encore un souvenir, un râteau, une peine d'amour (mais ça ne se voit pas), un parfum, une mélancolie, un jeu, un chagrin, un escalier, un personnage, un meuble, un verbe, des regrets, une vache, un frère, de l'eau, un paysage, une colère, un rutabaga, deux frères, des larmes, des sourires et puis voici mon cœur…

et trois ratons laveurs.

Verger

« Allons dans le verger ! »

Il y a de l'abondance dans ce mot, des chapeaux de paille et de l'herbe coupée, des paniers suspendus aux bras, des pommes tombées, des guêpes – attention où tu mets les pieds ! –, des labyrinthes et sûrement des oiseaux. Et des odeurs, des odeurs, sucrées, entêtantes, ensorcelantes.

J'ai grandi entre deux vergers. Le verger-du-haut et le verger-du-bas encadrant la maison carrée de mes grands-parents.

Le verger-du-bas était un paradis de fruits de toutes sortes, en veux-tu en voilà, qui se déroulait en pente douce depuis les cerisiers jusqu'aux pêches de vigne, piquetées de rouge.

Des plus précoces aux plus tardifs, et même jusqu'aux remontants, toutes ces sortes de fruits couvraient la saison entière, avant de se prolonger dans des confitures et des bocaux pour lesquels nous étions, mes frères et moi, les cueilleurs émérites. Burlat, cœur de pigeon, bigarreaux, Montmorency courte-queue, quetsches, mirabelles et reine-claude, Guyot, Williams, Passe-Crassane et Cuisse-dame, Canada, reine des reinettes, Lockart et pommes grises en espaliers (pourquoi pas « escalier », grand-maman, on dirait des petites échelles, non je ne grimperai pas dessus), une vigne muscat qui faisait toute la longueur et en face d'elle les noisetiers où on attrapait des aoûtats, le grand noyer dont l'ombre était si froide, où les garçons se prenaient pour des moussaillons.

Isolées, aristocratiques, les asperges dressaient leurs panaches, avant de pointer leurs petits nez mauves.

J'étais une enfant du verger, une petite renarde qui déchirait son tablier, qui tombait à pieds joints dans son panier de cerises (tant pis, on en fera de la confiture), qui s'empiffrait de groseilles à maquereau, de framboises, et qui venait toute maquillée de rouge affirmer sans frémir qu'elle n'avait rien mangé.

Le verger-du-haut, lui, était peuplé de pommiers à cidre (ce cidre qui me faisait tourner la tête sans que jamais je ne me risque à l'avouer.).

C'était un terrain d'aventures et de rêves. On grimpait sur la citerne, on faisait de la balançoire avec les cousins.

Une photo m'y représente, parmi les branches de pommier, dans ma robe de communiante.

J'étais aussi grande que grand-maman.

Larousse

Grand-père avait un bureau, dans sa grande maison. Je ne me souviens pas de l'avoir vu travailler dans son bureau. Je le revois plutôt s'extirpant de sous sa « Traction » les mains pleines de cambouis, heureux, la voix tonnante.

Peut-être il avait un bureau juste parce qu'il fallait avoir un bureau. Les murs étaient lambrissés de bois sombre qui sentait fort, et sur une étagère étaient alignés les volumes du *Grand Dictionnaire Larousse*. Au moins dix volumes, peut-être vingt. Ils étaient reliés lourdement en brun ou vert foncé, et si on voulait en attraper un, il pesait des tonnes.

Il y avait TOUT là-dedans, et je suis sûre que grand-père en savait le contenu par cœur.

Il avait une mémoire phénoménale. Il connaissait sur le bout des doigts toute l'histoire de

France, et il nous posait des colles, à mes frères et à moi. Si on passait avec lui dans une rue qui portait le nom d'un vieux mort, il savait tout sur lui, il nous l'expliquait et si par malheur on repassait par cette rue, on devait s'en souvenir, quelle misère !

Les gros *Larousse* faisaient mes délices. Je les feuilletais, je découvrais des mots. Je n'ai pas spécialement regardé les planches anatomiques, c'est une légende ça, que les enfants apprenaient la vie là-dedans… J'ai regardé un peu quand même, mais j'ai trouvé ça ennuyeux. Ça manquait de mystère.

J'ai préféré Ornithorynque, Phacochère, Ampélopsis, Psoriasis, Duodénum, Gargantuesque, Nyctalope…

Pour les gros mots j'avais mes frères, mais j'usais d'un langage très châtié, même petite. Maman disait : « Comment cette enfant peut-elle parler aussi bien avec des frères aussi grossiers. » Je riais sous cape. J'étais sournoise et je jurais en silence. Je les connaissais tous, les vilains mots.

Que ne donnerais-je pas pour pouvoir débarquer encore dans le bureau de mon grand-père, ouvrir la porte sans frapper, et lui lancer : « Grand-papa, tu ne vas pas le croire : je suis dans le *Petit Larousse*. »

Il répondrait : « Le *Petit* ? »

Parfum

Étrange que ce mot masculin soit à la fois si féminin.

Non qu'en lui-même il me plaise tellement, avec ce son nasal « um » bizarrement formé d'un « u » et d'un « m ». Un « m » ? Ah bon (je ne veux pas chercher plus loin. Aujourd'hui l'étymologie m'ennuie).

Et pourtant je préfère « parfum » à « odeur » si roturier, si commun. On peut dire une mauvaise odeur. Dira-t-on un mauvais parfum ? Il ne sera mauvais que s'il se révèle associé à une personne ou un souvenir déplaisant.

Au théâtre, un jour, ma voisine dégageait avec tant de violence (elle avait dû renverser le flacon) un parfum haï que j'ai dû changer de place au milieu de la représentation. Je me sentais envahie, agressée, souillée sans pouvoir me défendre.

J'ai sûrement reçu de la nature un odorat très développé – gênant même parfois – au point qu'un souvenir odorant, une fragrance, peut me faire voyager dans l'espace et le temps, nostalgique, émerveillée.

Oh ! la tarte aux pommes, les draps fraîchement séchés au soleil, oh ! le seringa, le géranium, le buis, oh ! la fumée de ce tabac Dunhill chargé en latakia. Oh ! le Pétrole Hahn des cheveux de mon père, les cataplasmes à la moutarde, l'eau de Cologne Jean-Marie Farina dont maman nous frictionnait quand nous avions la fièvre. Oh ! le miel fraîchement recueilli, la confiture de prunes un peu trop brûlée, le bois de cade des armoires de grand-père... et celui-ci que je cherche et que je chercherai toujours, celui dont exclusivement maman se parait, ce *Cinq* de Molyneux, mystérieux, qui n'existe plus mais dont je retrouve le souvenir si je respire précautionneusement, loin, loin au fond de ma tête, juste juste... Oh, je le reconnaîtrais aussitôt.

Mon parfum ? Il me va au point que je ne le perçois plus sur moi. On m'étonne en me murmurant « Tu sens bon ».

Quelqu'un qui m'aimait m'a dit un jour : « Si je rencontre une autre femme qui porte ce parfum, je l'étrangle. » Heureusement, c'est un parfum masculin. Il sent le désert et les fleurs d'immortelle, le soleil capturé.

Il continue d'embaumer, même quand on ne vous aime plus.

Escalier

Mon escalier comporte dix-neuf marches, huit, huit, trois. Je les compte à chaque fois que je les monte ou les descends. J'ai toujours compté les marches par huit. Pourquoi par huit ? Je ne sais pas. Et je commence de préférence par le pied gauche.

C'est grave, docteur ?

Pour descendre à la cave, c'est huit et trois. Onze ? Elle est basse, ma cave. J'y passe à l'aise pourtant. Mais il ne faudrait pas que je porte des talons. D'un autre côté, je ne vois pas pourquoi je mettrais des talons pour descendre à la cave.

J'adore mon escalier. Sa première marche est en pierre, et assez large. Je n'en connais pas la raison, et ça ne m'intrigue pas plus que ça. J'en profite pour y déposer les objets destinés à l'étage supérieur, selon le vieux principe des familles :

« Ne monte pas les mains vides. » Ainsi, j'y entrepose un livre, un bracelet, des chaussettes ou ma tisane du soir, verveine ou mélisse.

Le reste de ses marches est en bois, un beau bois brun et brillant (ah ! la belle allitération ! Si j'étais un poète, je m'en enorgueill… j'en serais fière). Sans doute du chêne, c'est noble le chêne ! Mon escalier craque vers sa onzième marche, je sais que si je me décale un peu vers le mur, il ne le fera pas, mais à quoi bon ? Ça ne dérange personne, et s'il arrivait qu'une nuit un cambrioleur fasse retentir ce bruit, ça serait d'emblée beaucoup plus grave qu'un simple craquement d'escalier.

Vers la huitième marche, il se met à tourner vers la droite, et il continue à tourner jusqu'à se trouver opposé à sa direction de départ.

Ce qui m'enchante chez lui, c'est sa rampe. Ses barreaux sont harmonieusement découpés, mais ce n'est pas le plus important. La partie destinée à ma main est si lisse, si bien adaptée à cet usage, qu'on dirait bien qu'elle a été fabriquée, polie à mon intention. Ma main se referme sur elle en confiance, et aux endroits où le rythme change, se brise, elle présente une sorte de cabochon carré qui assure la prise, juste à l'endroit où je m'attendais à la trouver. Quelle merveille !

Jamais je ne monte ou descends mon escalier sans tenir sa rampe. Inconsciemment sans doute, il me semble qu'elle me serait d'un grand secours en cas de trébuchement. Et pour monter, certains jours, je sens qu'elle me tire.

Parfois, j'ai comme envie de présenter à mon escalier les nouvelles gens qui se préparent à l'emprunter. « Escalier, je te les confie. Prends-en bien soin. Ils te respecteront, je les connais. »

Ainsi, je garde dans un recoin du cœur des images de tel ou telle descendant ses marches. Je les évoque parfois, quand la lumière change.

Que vous étiez belle dans mon escalier…

Grenouille

Il est amusant, composite. Ce « gre » comme un grondement, suivi de « nouille » à la sonorité molle, fluide et résolument comique. En lui cherchant une rime, on tombe parfois sur des choses hilarantes ou déconseillées.

Le mot lui-même, « grenouille », est évocateur. On pense à une petite chose verte qui fait des bonds, de nénuphar en nénuphar, qui fait des plouf, qui hante les dessins animés et les livres pour enfants.

Et pourtant ! Pour moi, il en fut tout autrement. Ma première grenouille fut comme un cauchemar. Je m'en souviens encore avec horreur.

Je devais avoir onze ans, et je passais mes vacances dans un petit village en bord de Saône.

Je m'en allais retrouver ma copine Josette, la fille des voisins.

Je la trouvai avec sa mère, sous le hangar où, sur une table en bois, elles « préparaient » des grenouilles, c'est-à-dire qu'avec un couteau elles les tranchaient par le milieu, pour ne garder que les fameuses « cuisses », laissant la tête et les pattes avant de continuer d'avancer, traînant derrière elles les entrailles sanguinolentes.

La petite Parisienne que j'étais se sauva, blême, le cœur faisant le yo-yo, sous les moqueries de la fermière.

Par la suite, apprenant ma mésaventure, on s'ingénia à me glisser des grenouilles dans les poches, dans le cou.

Avec le recul, je pense avec tristesse qu'il est trop facile de créer une phobie chez un enfant sensible, et ce sont véritablement des tortures qu'on lui fait endurer en se moquant de lui. Je ressens encore le frisson de la petite citadine, si peu préparée à ces brutalités campagnardes.

Cependant, pas rancunière, ça ne m'a pas empêchée de glisser ces bestioles dans mes chansons.

Elles sont si jolies, quand elles ne sont pas réelles !

Alsace

Mon Alsace, je l'ai trouvée dans des vide-greniers. Fille d'une Mulhousienne, orpheline, exilée sitôt son mariage dans des villes « de l'intérieur » (et puis la vie a fait le reste.), je n'ai pas eu l'occasion de découvrir et d'explorer ma province maternelle (ni d'ailleurs d'apprendre son dialecte, ce que je regrette infiniment. Seules quelques expressions me restent, quelques berceuses, quelques petits noms, ces choses douces qu'une mère dit à ses enfants petits).

Quand il y a quelques années je commençai à fréquenter les vide-greniers (ces marchés aux trésors), je me sentis très vite investie d'une mission : sauver les petites poupées alsaciennes traînant au fond des cartons parmi les Niçoises, les Bretonnes et les Espagnoles, mais pas les encore-neuves, dans leurs boîtes transparentes, non, les éclopées, les froissées, avec leurs jupons effrangés, leur nœud noir sur l'œil, leurs nattes ébouriffées, leurs petits corselets décousus, leurs jupes rouges pleines de taches…

En souvenir de maman, je voulais les réhabiliter, les consoler. Je n'imaginais pas qu'il y en avait autant (les gens n'ont pas de cœur) et j'en ai à présent des boîtes pleines, qui attendent la vitrine que je leur ai promise et qui tarde à venir.

À côté des poupées, il y a les salières, les porte-couteaux, les petits pots, une adorable gardeuse d'oies, des statuettes humoristiques d'un couple, avant puis après le mariage. Parfois même un Alsacien en costume, esseulé (ils sont plus rares).

J'étendis alors ma passion aux cigognes, emblématiques volatiles. Nids de cigognes avec leurs petits, la cheminée en plus, cigognes unijambistes (tenant debout grâce au fil de fer) et des plateaux, des plateaux ronds ou rectangulaires, en bois peint ou pyrogravé (du fait-maison, durant les longues soirées d'avant la télé).

Pourquoi m'arrêter en chemin ? J'ai amassé dans la foulée tout un service (dépareillé) de ces belles assiettes de Sarreguemines offrant de charmantes scènes villageoises – en me méfiant bien sûr des imitations « passe au lave-vaisselle », pouah !

Je n'ai pas non plus résisté aux jolis verres au pied vert, ornés de motifs de vigne ou de guirlandes de petits personnages, toujours dépareillés, toujours orphelins, mais si attirants quand on les remplit d'un clair sylvaner ou d'un gewürztraminer.

Et je ne parle pas des nappes brodées au fil rouge, des guirlandes festonnées destinées aux vaisseliers, des tabliers.

Alsace, quand tu nous tiens !

Pourtant, qu'on se le dise, en bonne collectionneuse, je ne supporte que ce que je trouve moi-même (ou alors quelques tout-proches qui me connaissent bien, coureurs de vide-greniers eux aussi).

Je préfère éviter une mésaventure comme celle qui m'arriva quand j'eus le malheur de dévoiler que j'aimais les vaches. Je me retrouvai bientôt avec un immense troupeau, à peine si je n'eus pas droit à un veau sur mon balcon.

Je sais bien que j'en ai des boîtes pleines, que mon buffet en regorge, que je ne sais plus où les mettre, mais je sais aussi que la prochaine petite Alsacienne déguenillée me fera fondre et que je l'adopterai.

Mon Alsace de brocante n'est pas si dérisoire. Elle s'appelle Fidélité.

Espérance

Espérance est bleu.

« Le vert est la couleur de l'espoir », dit-on. Je n'ai pas parlé d'espoir, ce mot lourd qui finit en « poire », il peut bien être vert si ça l'amuse.

Je n'ai pas dit non plus « l'espérance est bleue », non, l'espérance est de toutes les couleurs, des plus subtiles aux plus claquantes, tout lui va.

L'espérance, c'est l'état de quelqu'un qui est en train d'espérer, et qui invente ses couleurs : l'argent et l'or des déserts de sable, les bruns chauds de la terre fraîchement labourée, les gris-verts, les gris-bleus, les gris-noirs de la mer dans tous ses états, le blanc nacré des nuages, et oui ! le vert, tous les verts de tout ce qui pousse, le gris des villes où vivent les gens, l'espérance s'habille de tout.

Mais espérance est bleu.
Vous ne trouvez pas ?
Vous ne voyez pas ?
D'un bleu d'ailes de papillon
entre turquoise et lapis-lazuli
entre lavande et althéa
volubilis et pois de senteur
comme ces bleus que l'on porte au cœur
comme l'azur des paupières fines,
la dentelle des veines au poignet d'un amour
impossible
comme ses yeux
espérance est bleu

Anniversaire

J'ai toujours adoré les anniversaires. Mes anniversaires. Toujours attendu, guetté, magnifié le moment de la bascule, cet instant magique – et totalement imperceptible, imaginaire presque – où de huit ans et demi on passait à neuf ans, ou de onze et demi à douze. Car jusqu'à la veille du jour attendu, on s'accrochait à l'année précédente comme si c'était plus beau, plus glorieux d'y arriver d'un seul coup. Comme si on ne voulait pas resquiller. Ensuite, il arrivait qu'on anticipe, qu'on prétende avoir quinze ans quand on n'en avait que quatorze et demi, mais c'était pour allonger cet âge convoité, pour s'habituer un peu, comme on trempe le pied dans l'eau avant de plonger.

Et puis, quand les années s'additionnent, on pourrait penser qu'on se lasse, qu'on s'agace même de ces changements et de l'importance qu'on leur accorde. Peut-être même on préférerait les passer sous silence.

Pour ma part, j'ai toujours gardé le sentiment très vif qu'il se passe « quelque chose » à l'instant précis de ce changement d'âge, quel qu'il soit, et j'en fais une petite célébration personnelle, indépendamment de celle que me réservent les amis, les amours, les proches ou les lointains, qui saisissent cette occasion de saturer les téléphones, d'allumer des bougies et de faire sauter des bouchons en mon honneur.

Mais c'est à charge de revanche, car j'aime encore plus les anniversaires des autres. J'aime traquer les cadeaux, choisir les fleurs, chanter en chœur, même un peu faux : « C'est à ton tour de te laisser parler d'amour ».

Et moi qui n'aime pas les surprises, je préfère me réjouir d'avance du plaisir que j'aurai et, pour plus de sûreté, souvent j'organise à mon goût les fêtes à moi destinées.

Chaque année, quel que soit son chiffre, sera toujours bien accueillie et marquée d'une petite pierre blanche.

Mémoire (si j'ai bonne...)

En général, si on le dit, c'est qu'on ne l'a déjà plus.

Calanque

À sens égal, je le préfère à crique.

Crique, c'est dur, c'est coupant, c'est plein de rochers en éclats et de coquilles d'oursins prêts à vous entailler et à vous embrocher les pieds.

Tandis que calanque !

Son premier « a » est ouvert en sourire, quant à la diphtongue « an », on peut l'imaginer ornée d'un « g » pour prononcer « ang » tant elle abrite une pointe d'accent.

« Calang-que » et ça sent les cigales et les aiguilles de pin chauffées au soleil, l'anis et le poisson grillé. Ça retentit de plongeons et de cris d'enfants, du bruit des boules de pétanque roulant sur le sol, des appels colorés de voix que l'on pourrait croire fâchées, et qui ne sont que véhémentes, dans leur grossière naïveté. Ça pétarade aussi, entre pétrolettes et bateaux, et quand le vent souffle il ne fait pas semblant.

C'est aussi et surtout comme des bras grands ouverts sur la mer, que l'on aborde directement, en une plongée depuis les rochers, sans s'empêtrer dans des kilomètres de sable, et on coule, les yeux écarquillés dans le bleu, dans le vert, dans la féerie et on se demande pourquoi on est resté si longtemps loin d'elle, sans dépérir tout à fait.

En on se pardonne des clichés qui parfois sont la seule façon d'exprimer une nostalgie sincère.

Bois flotté

Il y a des jours, des jours en creux, des jours sans, à peine des jours, des jours où on se sent flotter, où on est comme un bois flotté, lavé, délavé, blanchi, nervuré, à peine l'âme d'un bout de branche, à peine le cœur d'un bout de bois, un souvenir d'arbre mis en pièces par la douceur obstinée de l'eau… flotté, frotté, usé, poncé, malmené, chaviré mais dispensé : pas besoin de flotter, on est flotté. On finira dans le limon banal d'une arrière-plage de galets, ignoré, ou bien exposé telle une œuvre d'art au mur d'un salon raffiné.

L'un comme l'autre me plairait bien.

Les jours en creux, les jours sans rien.

Candidat

Ce mot-ci n'est pas un des miens.

Il me vient d'un souvenir d'enfance et, par ricochet, d'une autre enfance, dont je ne connaîtrai jamais rien de plus.

Nous avions une douzaine d'années, classe de 5e, une bande de filles sournoises, bonnes ou mauvaises élèves, ricanantes et boudeuses, moqueuses ou fayotes, normales en quelque sorte.

Notre prof d'histoire, Mère Marie-A., grande femme chevaline à la voix essoufflée (Marie-Josèphe de G., de petite noblesse, avant de prendre le voile), s'offusquait d'un rien, montait sur ses grands chevaux, hennissait un « Enfin-tout-de-même-quoi ! » qui était pour elle le sommet de l'indignation – sans vraiment parvenir à nous intimider.

Combien de fois ne m'a-t-elle pas envoyée à la porte, comme je refusais de baisser les yeux ! et j'allais méditer sous les marronniers ou donner des coups de pied dans les murs.

Je ne me souviens plus pourquoi, ni en quelle occasion, elle nous raconta cet épisode de son enfance. Avec ses frères, ils avaient inventé un jeu qui consistait à se cacher et à surgir en criant « Candidat ! » pour attraper les autres. Pourquoi ce mot-là ? Mystère. Et qu'il nous semblait étrange aussi que cette femme-là, qui nous effrayait souvent avec ses colères, ait été une enfant, et qu'elle ait eu des frères, comme nous.

Je n'ai jamais aimé l'histoire et, lors des compositions, je copiais sur ma voisine Denise qui poussait complaisamment son cahier de mon côté. (En échange, je lui laissais libre accès à mes versions latines.) Mais le spectacle de cette grande religieuse, les yeux brillants, le sourire jusqu'aux oreilles, et les bras battants comme des ailes de chauve-souris, oubliant pour un instant son indignation familière pour glapir « Candidat ! », je ne l'ai jamais oublié.

Reposez en paix, chère grande folle qui cachiez si bien sous le scapulaire de saint Dominique votre tendresse pour les bécasses que nous étions.

Mais comment voulez-vous qu'à présent je prenne au sérieux les campagnes électorales ?

Débarouler

Comment, ça n'existe pas ? Bien sûr que si ! Vous n'avez jamais débaroulé au bas d'un escalier ? Ce qui n'est pas indiqué, naturellement, mais moi j'étais souple alors et je n'ai récolté que quelques bleus, quelques bosses. À présent, je tiens la rampe.

Mais débarouler ? Un mélange de dévaler, de dégringoler, débouler et rouler, c'est évident, il fallait alors l'inventer, c'est imagé, rien qu'à le dire on le sent dans son corps, et la tête qui tourbillonne, comme dans ce jeu que les enfants affectionnent : se coucher dans une prairie en pente, perpendiculairement à la descente, et se laisser rouler, rouler jusqu'en bas (en espérant s'arrêter avant le fossé) et parfois on va en biais (on n'est pas des cylindres parfaits) et on se cogne et on s'emmêle, on reprend son souffle et on recommence, la tête vous tourne de plus en plus, et on s'écroule les bras en croix...

On débaroule et on se déglingue, on s'abandonne à la gravité, au tournis, on ne serait pas plus étonné de se retrouver en morceaux, si on n'avait pas observé cette consigne elle aussi incongrue : « Numérotez vos abattis ! »

Mensonge

Mensonge est une caverne, un terrier, une cache avec ses cavités sombres, ses diphtongues en « en » et « on » sourdes, gris-brun, gris-noir, couleur de terre et de camouflage, et ce « ge » tout de douceur, de protection. C'est le mensonge dont on s'enveloppe comme d'une couverture un peu rugueuse, piquante, mais protectrice malgré son odeur suspecte.

Je ne parlerai pas de ces terribles mensonges mystificateurs, dont on se sert pour rendre les gens plus malheureux, plus méchants. Non plus des mensonges dictés par la lâcheté, la cruauté, l'abus de pouvoir.

Je veux parler du mensonge familier, quotidien, celui de l'enfant qui, ayant à ses pieds les débris d'un vase brisé, écarquille les yeux en disant : « C'est pas moi, il est tombé tout seul ! » Celui qui prétendra « Non, vous ne me dérangez pas ! » quand on pressent déjà que l'après-midi de travail va voler en éclats, mais que l'autre a tellement besoin de cette heure et demie au téléphone, à se plaindre de maux, imaginaires ou non, pour lesquels on n'a aucun remède. Celui qui fait dire « Mais oui, je t'aime toujours », alors qu'on sait que, par prudence, la question ne devrait même pas être posée, et que le ver est dans la cerise, et qu'on sent sur la langue le petit dégoût qui vient après que l'on a croqué tout ensemble le ver et le mensonge.

Celui, plus léger et presque sans remords, qui consiste à répondre « Je ne suis pas là, j'ai perdu mon téléphone, ma voiture est en panne, le facteur est malade, j'ai égaré votre adresse, je vous rappelle » au lieu de dire simplement « Vous me cassez les pieds », ce qui, c'est sûr, ne simplifierait pas la vie, du moins dans l'immédiat. Il faut s'en tenir à la vraisemblance, et au diable la vérité.

Mon préféré, c'est le mensonge par omission. Ah ! le coquin ! Les confesseurs le connaissent bien et le traquent sans pitié comme un cafard. Mais quel besoin a-t-on de se confesser, dès lors qu'on a la conscience tranquille ? Ce vice-là, je le pratique voluptueusement, l'œil clair et le front lisse, par exemple jamais je ne dirai, quand on me croit attelée à mon labeur, que d'un coup de voiture (et sur une impulsion irrésistible), je suis allée claquer dans un quelconque casino l'argent de mes droits d'auteur péniblement gagnés (sur votre dos, qui plus est !). Quand je prétends soigner mon foie, personne n'aura connaissance des trois tablettes de chocolat volatilisées en un après-midi, pire, on me trouvera une mine splendide ! Et je ne parle pas des chaussures soi-disant achetées en solde (tu parles !), des prétendus cadeaux qu'on ne se paierait pas soi-même (haha !), toutes ces petites choses qui sont comme des paillettes dans le tissu d'une vie au grand jour que l'on trouve trop exposée, trop indiscrète, comme si on n'avait pas le droit d'avoir quelque chose à soi, fût-ce un petit mensonge pour faire avaler les gros, les méchants, ceux qu'on nous assène et qu'on a de la peine à faire passer.

En attendant la fin du monde et de nous, mentons, mais avec délectation.

Jardinier

J'étais une petite fille ronde et curieuse, mais pas familière. Je ne tutoyais pas. Je possédais un petit banc de bois, à l'échelle de mes quatre ans, et je l'emmenais partout avec moi. Je n'aimais pas m'asseoir par terre.

Mes grands-parents avaient un jardinier. Il était polonais, on racontait qu'il était arrivé en France accroché sous un train… C'était très mystérieux, même si mon jeune âge m'empêchait d'apprécier le côté romanesque de l'histoire.

Je me souviens d'une mèche blonde sur des yeux très bleus, et d'une dent légèrement ébréchée sur le devant.

Quand il travaillait, je posais mon petit banc à côté de lui, et nous avions de longues conversations. Sans doute son niveau de connaissance de notre langue convenait parfaitement à mes babillages de quatre ans.

Je le suivais partout. Il était d'une patience angélique.

Un matin, j'entendis au jardin la grosse voix de grand-père.

Quand je courus avec mon petit banc, mon jardinier était parti. Je ne l'ai jamais revu. Là s'arrêta mon intérêt pour l'horticulture.

Il s'appelait Michel.

Ce fut mon premier chagrin d'amour.

Labyrinthe

Le mot lui-même en est un.

De suite on est aux prises avec un « y ». Faut-il le mettre en premier ? ou plus loin ? On sait bien qu'il y en a un mais voilà, on hésite, on se reprend. Et ce « th » ? Oui, c'est sûrement un « th » pour ce mot difficile. Un simple « t » serait trop commode.

Si on écrivait en vers, il pourrait rimer avec « crainte » (de se perdre ?), avec « plainte » (de ceux qui se sont perdus ?), « feinte » (de ces chemins qui s'entrecroisent, qui font mine de montrer la sortie et qui l'esquivent, toujours).

Le labyrinthe, c'est la fascination, l'appel du mystère, c'est la fanfaronnade : « Oui ! j'y arriverai bien ! » C'est aussi la confiance, bien ou mal placée, dans ce fil qu'on saura rembobiner bien sûr, mais qui pourrait aussi pendre, cassé, entre deux branches de houx, anéantissant tout espoir de retour.

La tentation est grande de s'identifier à cette pauvre Ariane (on a des lettres, quoi !).

« Ariane ma sœur de quel amour blessée
Vous mourûtes aux bords où vous fûtes laissée... ».

Ah ! les beaux alexandrins, où l'on entend mugir le monstre... et mon prof de littérature. Au fait, l'a-t-il mangée la belle, le vilain Minotaure ?

Mais non, je mélange tout, c'est après qu'elle a été abandonnée par Thésée, ce salaud, donc pas mangée. C'est trop compliqué, la mythologie, et si en plus les noms changent : « labyrinthe » se dit aussi « dédale ». C'est plus facile à écrire mais beaucoup moins joli. (Mais Dédale, c'est pas celui qui... avec des plumes... ? Oh ! une autre fois, c'est assez tortueux comme ça.)

Et puis le soulagement tout à coup, une éclaircie, une brèche, la sortie, là, évidente, bien sûr comment ai-je pu désespérer ?

Et on rit de ceux qui s'y engagent.

Bonne chance.

Myosotis

Elles étaient inséparables des pâquerettes roses et des corbeilles d'argent, dans les bordures de fleurs du jardin de grand-maman. Avec mon petit arrosoir, je suivais son grand arrosoir et nous donnions la becquée à ces petites corolles naïves. Ce bleu, ce bleu candide comme des yeux tendres, a marqué mon enfance de petite jardinière.

On m'avait offert un conte, *La Petite Fille aux yeux de myosotis*, et je le lisais avec passion ; je venais juste d'apprendre à lire. À cette petite fille aux yeux bleus, il arrivait malheur après malheur, si bien qu'à un certain moment, pleurant toutes les larmes de mon corps, je fermais le livre et l'enfermais dans le placard de ma chambre.

Plusieurs fois je le repris, recommençai à le lire, et m'effondrai en larmes au même chapitre, jusqu'à ce qu'ayant grandi un peu je me décide à franchir le passage fatal… pour m'apercevoir que finalement l'histoire finissait bien !

Les yeux myosotis trouvaient sans doute un prince en qui se perdre, et je fermais doucement le livre avec un frisson délicieux.

À huit ans, j'étais sentimentale.

Mais je n'ai jamais oublié cette petite rescapée de tant de malheurs, et les yeux myosotis me font toujours craquer.

Mais bon

C'est une sorte d'expression que l'on emploie sans y penser, comme une simple ponctuation, et qui peu à peu perd de son sens en devenant un tic, si l'on n'y prend pas garde.

C'est une pure contradiction :

Le « mais » est une protestation, tandis que le « bon » se résigne.

Nous l'employons souvent, et pourtant elle ne mérite pas cette banalisation. Si on la regarde de plus près, on lui trouve un genre de richesse, selon les circonstances dans lesquelles on l'emploie.

Dans le métro par exemple : Vous m'avez écrasé le pied droit, mais bon ! il me reste le gauche (optimisme). J'aurais volontiers occupé cette place, d'autant que je suis fatiguée, mais bon ! vous avez été plus rapide que moi (dépit). J'avais acheté un billet de loterie, mais bon ! je ne gagne jamais (fatalisme). Je veux bien vous prêter mon téléphone portable, mais bon ! n'en abusez pas (énervement). Il y avait des œufs à la neige en dessert, mais bon ! vous aviez très faim (résignation). Je pense être arrivée avant vous à ce guichet, mais bon ! vous avez l'air pressé (tolérance).

Ce n'est pas toujours aussi simple : par exemple, j'avais demandé une bonne place en classe affaires, et me voici en queue de l'avion, je me plaindrai à la compagnie, vous ne l'emporterez pas au paradis, vous ne savez pas à qui vous parlez, mais bon ! je ne veux pas faire d'histoires ! (Ah bon ?)

La traduction de « mais bon » pourrait être : « c'est comme ça, c'est pas autrement », comme le disait Juliette.

Pour ma part, j'aime à penser que les derniers mots que je prononcerai sur cette terre seront : « Je serais bien restée encore un petit peu, mais bon ! »

Pluie

Pluie est un mot liquide, et pas seulement parce qu'il parle d'eau.

Il commence par un « p » mais on n'est pas obligé de le faire exploser, on peut le retenir, l'atténuer, en faire le petit « plop » de la goutte qui tombe d'une gouttière dans le tonneau placé au-dessous.

Après cela, l-u-i-e, « luie » coule tout seul, comme un sourire qui s'élargit. C'est la douce pluie d'été qui feutre les bruits, qui irise les lumières, qui rend les verts plus verts et les fleurs plus éclatantes, qui dispense les enfants en vacances d'aller jouer dehors, à moins qu'ils ne décident de courir la bouche ouverte, battant des ailes et poussant des cris d'oiseaux mouillés.

C'est la pluie légère et musicale qui incite à des siestes pas très sages, et qui d'un rayon de soleil intempestif fera naître un arc-en-ciel fragmenté dans ses flaques. La pluie qui cache son jeu, entêtée, besogneuse, et l'on se met à penser au déluge, c'est comme ça que ça a commencé, sournoisement, et si elle ne s'arrêtait plus ? Les averses, les tempêtes, on s'en méfie, on pense au pire, mais cette petite pluie-là, opiniâtre, discrète, qui tapote, indifférente, comment savoir ce qu'elle nous réserve ?

Le chat éternue, avance la patte puis la secoue, éparpillant des gouttelettes, les dahlias baissent la tête, dans le jardin on pourrait faire naviguer sur les rigoles des bateaux de papier…

Avons-nous retenu nos places, sur l'Arche ?

Angine

Est-ce que je vais devenir un ange ?

Certaines maladies ont de vilains noms : otite, rhinopharyngite, bronchite. Ce sont des noms barbares, coupants, piquants.

Mais angine ! ça commence par ange et ensuite ça fait comme une ronde, ça rappelle les prénoms de toutes les petites amies :

« Y' avait six filles dans un pré,
Il y avait Martine, il y avait Coline
L'y avait Caroline et Céline,
Marie-Christine et Joséphine »…

Et souvent il y avait Angine ! les joues rouges, le front brûlant, « Pourquoi tu ne manges pas ? tu aimes bien ça d'habitude ».

Je faisais semblant, je ne voulais pas être malade, je ne voulais pas rester au lit mais la fièvre me tombait dessus, je titubais, je voyais de drôles de bêtes sur les murs et j'entendais des abeilles. Mon lit tanguait comme un bateau, mais je m'en fichais de tomber à l'eau, je savais nager et je voulais jouer avec les dauphins et les poissons-lunes.

« Tire la langue, disait une grosse voix.

(Ah bon ? on a le droit ? Ça n'est pas malpoli ?)

C'est une angine, gardez-la au lit, bien au chaud. »

On me badigeonnait la gorge au bleu de méthylène. « C'est rigolo, je fais pipi tout vert ! »

Mais c'est fatigant de devenir un ange. C'est long. Heureusement, j'avais enchaîné maman au pied du lit. Elle ne pouvait pas s'envoler. Sa main fraîche sur mon front…

« Pourquoi dors-tu sur le ventre ?

– C'est pour ne pas empêcher mes ailes de pousser ! Et Paul, tu crois qu'il va devenir un ange lui aussi, s'il attrape mon angine ? »

Encre

Quand on passait du crayon à l'encre, c'était une promotion.

Il y avait d'abord les « crayons-à-encre » qu'il fallait lécher et qui nous faisaient la langue toute bleue.

Ensuite, pour écrire à la plume, on appuyait si fort qu'on écorchait le papier.

Les deux becs s'écartaient, on faisait un pâté, et ce drôle d'oiseau nous regardait d'un œil torve.

Je n'aimais pas les plumes Sergent-Major. Elles étaient trop raides.

On avait le bout des doigts tout noir. Et si on se grattait, on s'en mettait partout sur la figure.

Certaines filles avaient un petit chiffon pour essuyer leur plume. Mais le chiffon devenait vite dégoûtant.

Et puis on passait au stylo. Souvent on le recevait en cadeau. On soulevait une petite languette pour aller pomper l'encre dans les bouteilles Waterman qu'on pouvait poser sur un de leurs côtés.

On écrivait à l'encre bleue. Maman prenait bleu-noir. C'était chic.

À quatorze ans, j'ai essayé Bleu des mers du Sud. C'était beau ! On me l'a interdit. C'était trop fantaisiste.

Quant à l'encre verte, n'y pensons même pas.

Je n'ai pas essayé l'encre violette. Ça faisait demi-deuil.

Les professeurs abusaient de l'encre rouge. Ils défiguraient nos copies.

On est passé au stylo-bille. Ah ! quel progrès ! Je n'ai pas beaucoup aimé ça. Il faisait une écriture trop maigre. Et je ne trouvais jamais les cartouches de rechange.

Enfin le feutre vint. C'est comme un crayon mais ça écrit à l'encre. Et quand il est à sec, on le jette. Plus de problème ni de regret.

J'ai prêté mon feutre à Hélène. Elle a tellement appuyé dessus qu'elle en a fait un pinceau. Elle est énergique.

Pour mon agenda, j'ai gardé un crayon avec une gomme au bout. Pour les doutes et les remords.

On me dit qu'il existe des stylos-bille dont on peut effacer les lignes. Mais alors quel intérêt ?

On commence à me dire : quoi, tu écris encore à la main ?

Je regrette les doigts tachés d'encre.
Je regrette la petite pompe du stylo, et son cérémonial.
Je regrette le Bleu des mers du Sud, et le Bleu-Noir qui prenait des reflets violets.
Je regrette l'odeur de l'encre.
Je regrette les pleins et les déliés, les belles majuscules avec leurs fioritures.
Je regrette même l'encre rouge des professeurs.
Je regrette les brouillons, les ratures.
Je regrette les plumiers au joli nom d'oiseau.

Je regrette cette crampe dans ma main, qui parfois m'empêche d'écrire.

Huile

Ce n'est pas seulement le « h » qui est aspiré, mais le mot tout entier n'est qu'une aspiration. On prend son souffle pour bien amener le « h », puis la bouche s'arrondit au « u », s'ouvre un peu plus au « i », puis la langue vient toucher le palais dans un « le » liquide et doux.

Si on répète plusieurs fois ce mot, il perd son sens et devient comme une incantation… ou un exercice de gymnastique faciale !

Comme bien d'autres, il me fait retourner à l'enfance, et je retrouve l'odeur de la merveilleuse huile d'amandes douces dont on nous enduisait, et cette mystérieuse « huile goménolée » (?) censée soigner les rhumes de cerveau, et qui se présentait dans de minuscules flacons de plastique souple qui, une fois utilisés, servaient aux dînettes des poupées.

Plus tard, les huiles précieuses et parfumées, musc et benjoin, ambre et bergamote, dans leurs flacons de cristal taillé, ont enjolivé les *Contes de quelques nuits* que je me racontais avant de dormir.

Plus étrange néanmoins est cette histoire que me rapporta mon ami Salvatore, en traversant les plaines de l'Ombrie. À une époque dont j'ai oublié le chiffre, mais peu importe, les châteaux les mieux défendus en temps de guerre étaient ceux qui possédaient d'immenses champs d'oliviers. Ils disposaient en effet de grandes réserves d'huile dont ils déversaient, bouillante, d'énormes bassines sur la tête de l'ennemi cernant leurs remparts. Des quintaux de coûteuse huile d'olive ! Quand nous l'achetons dans de petites bouteilles hors de prix.

Pour nos salades.

Tomber d'énue

Quand j'ai appris cette nouvelle, je suis tombée d'énue.

Je sais bien que j'aurais pu tomber des nues, comme tout le monde en ces circonstances, et que ç'aurait été déjà la marque d'un étonnement conséquent. Mais j'ai pensé longtemps que l'on tombait d'énue, comme on tombe d'inanition, ou encore en pâmoison ; que l'on s'évanouissait d'étonnement avec un soupir, aah ! C'était sans aucun doute plus romantique que… plouf !! tomber d'un nuage.

Y flottait même comme une légère réminiscence d'« émue », une surimpression… Tomber d'émue ! quel délice !

Ou encore tomber des mues, perdre ses plumes, sa peau de serpent.

Car ces mots mal compris, ces sens détournés ne disparaissent jamais complètement, même lorsque l'on « sait », et ils reviennent comme un écho souriant, une doublure légère.

Autre exemple, ce « parmi nous » dont on parsemait nos prières. « Petit Jésus, faites que papa revienne bientôt parmi nous », et je me demande encore parfois qui était ce « Minou » tout-puissant qu'on me faisait invoquer à genoux.

On s'ennuierait beaucoup si on ne pouvait s'amuser avec les mots, même à leurs dépens.
Je suis sûre qu'ils aiment ça.

Rutabaga

Dansez-vous le rutabaga ?
Moi pas !

Commode

C'est une commode et elle porte bien son nom. Le lui a-t-on donné pour ses qualités ? Ou ne serait-ce qu'une coïncidence ? Car enfin, commode, elle l'est ! Premièrement par sa hauteur bien pensée, qui lui permet de recevoir un vase, un napperon, des photographies encadrées, tous objets agréables à l'œil, sinon très utiles. Ses grands tiroirs, deux, ou trois selon les cas, engloutissent qui la lingerie, les culottes, les chaussettes, qui les draps et les taies d'oreiller.

On pourrait, à la suite, se demander pourquoi nous ne suspendons pas nos vêtements dans un logeable à portes coulissantes, ou muni d'un fidèle, pour mieux nous contempler. Après avoir bu l'apéritif au complaisant, nous pourrions disposer le couvert sur la serviable, en prenant les assiettes sur un ostensible, et déguster nos repas bien assis sur des faciles, puis savourer notre café, allongés sur des indulgents inclinables.

Il nous resterait à faire de beaux rêves, bien au chaud dans notre accueillant, la tête calée sur des rebondis, les opaques bien tirés, les luminaires en veilleuse.

Non sans avoir pourtant parcouru quelques missives sur un bonheur-du-jour… ou peut-être en sa compagnie, qui sait ?

Pavane

Pavane est un mot grave et doux. Avec ce « v » si suave encadré de deux « a » (quoi de plus simple qu'un « a » ?). Avant cela le « p » pose le pas, alors qu'à la fin le « n » le retient.

À supposer qu'on ne le sache pas déjà, on verra que la pavane est une danse. Mais une danse poudrée, élégante, fière et timide à la fois. On ne se touche pas, sinon du bout des doigts, et on avance à pas glissés, la mine rêveuse et lointaine, dans des atours satinés, brodés, en demi-teintes, crinolines et vertugadins.

On ne devrait pas s'étonner que ce bouquet de roses fanées, que cette immortelle ait été dédiée par Ravel à « une infante défunte ».

(M'a-t-elle assez fait rêver cette infante, non pas morte, comme n'importe qui, mais « défunte ».)

En deux simples mots, l'oreille se régale de trois diphtongues sourdes « -in », « -an », « -un », qui hésitent entre le beige nacré et le gris-mauve, et qui dépeignent si bien l'impression d'intense solitude de cette pauvre petite fille, trois ans à peine, ses pieds menus chaussés de satin, sa robe si large si large qu'elle lui maintient les bras écartés, sa coiffure sage en rouleaux serrés (plus tard on les appellera des anglaises) et sur le visage cette moue prophétique des enfants se sachant destinés à une vie trop courte.

Que de mélancolie dans cette image, pour moi inséparable de la musique de Ravel, ce sorcier, mélopée poétique et sans réelle tristesse, comme si sa *Pavane* avait le pouvoir d'estomper la peine.

S'y mêle aussi pour moi l'ombre d'un adolescent aux yeux clairs, trop tôt parti, qui la déchiffrait sur un piano couleur d'ivoire, comme s'il sentait que cette pavane lui était dédiée, pareillement.

Tomate

« Ah ! non, pas de tomate !

– C'est une allergie ?

– Non, c'est une antipathie ! »

Elle est mon ennemie depuis toujours, je dirais même avant mon enfance si c'était possible. Petite fille, ma grand-mère m'obligeait à en manger, et c'est à grand renfort de pain et de verres d'eau que j'arrivais à la faire descendre avec un haut-le-cœur. Je la déteste, comme d'autres la betterave, le concombre ou l'endive. Et la gueuse se glisse partout. On ne peut commander au restaurant une salade verte (verte !) sans qu'elle y étale sa vulgarité, pas un plat n'arrive sans qu'on en ait posé une ou deux rondelles sur le bord de l'assiette. « C'est pour faire joli ! » dit la serveuse. Mais ce n'est pas joli, mademoiselle, c'est de la provocation. Et ça tient de la place, je la paie, moi, la rondelle de tomate ! qu'on la déduise de ma note !

Au nom de quelque retour aux sources, on en invente des jaunes, des noires, des grosses, des fripées comme des coussins de velours, des petites, en grappes, ou encore plus petites, oh ! qu'elles sont mignonnes, mais arrêtez ce délire !

On m'objecte : mais vous n'avez pas goûté les vraies tomates du jardin, mûries au soleil, elles ont un goût… Mais justement ! c'est pire. Je ne les supporte, à la rigueur, que vertes, en confiture avec beaucoup de citron pour masquer le goût. Mais au fond pourquoi se donner cette peine quand il y a des abricots ?

Vous disiez ? la sauce tomate ? Ah oui, mais là elle n'est pas seule, elle devient ingrédient, elle ne fait plus la fière. Elle se rend utile. D'ailleurs elle n'a plus le même goût, on peut l'oublier.

Voyez pourtant cette intrigante : elle a réussi à venir parader jusque dans mon livre !

Île et lac

L'île est une terre entourée d'eau
Le lac est une eau entourée de terre
Sur ce lac pourquoi pas une île
Et sur cette île encore un lac
Mais sur ce lac encore une île
Et sur cette île toujours un lac
Un lac une île
Une île un lac
Ainsi de suite à l'infini
Où surgira la dernière île
Où creusera le dernier lac

On peut rêver jusqu'à plus soif
Qu'il y aura toujours des îles
Pour se marier avec des lacs
Qu'il y aura toujours des lacs
Pour faire l'amour avec des îles…

Baldaquin

Il est noble, il est sévère, rigide même avec ses trois consonnes, b, d, q, qui l'encadrent fermement. Ça ne plaisante pas !

Il a beau se draper de velours, arborer des plumets à ses extrémités, déguiser soigneusement ses mystères, je ne peux m'empêcher de le trouver sinistre. Il évoque des étoffes sombres, des parfums lourds, des chuchotements étouffés, voire d'hypocrites complots.

Il est vrai que dans les châteaux et les belles demeures il faisait un froid glacial, et que l'on s'y protégeait des vents-coulis, tandis que les serviteurs se contentaient d'une couverture, à même le sol de la salle commune, les plus chanceux près d'une cheminée.

On pourrait penser, certes, que le lit à baldaquin protégeait l'intimité des couples, mais je ne peux m'empêcher de penser à ces adolescentes que la rapacité des familles livrait à des barbons, pour redorer leurs blasons pâlissants, et qui ont vu leurs rêves se briser les ailes contre ces tentures – on disait aussi : « ciel de lit », mais où était le ciel ? où étaient passées les étoiles ? Que de désespoirs se sont englués dans ces étoffes.

De nos jours, certains grands hôtels proposent des suites nuptiales munies de colonnades drapées de tulle et de soie, mais ce sont des moustiquaires, ce ne sont pas des baldaquins.

J'ai moi-même, chez des amis, passé parfois la nuit dans un de ces lits aux pieds torsadés, sous un « ciel » garni de galons et d'étoffes recherchées. Je n'ai pourtant pas le souvenir d'y avoir vécu des folies, ni même d'y avoir dormi divinement.

Pour attirer les rêves, et pour les dessiner en couleurs, je préfère encore le grabat, à ras du plancher, un fouillis de draps et d'oreillers emmêlés, cabossés, une couche improbable où tout est à inventer, où le soleil a le droit de venir me réveiller, et où l'hiver je me terre, comme une marmotte.

Roturière, incorrigiblement.

Vague

Il y a l'adjectif, il y a le nom.

Il y a « c'est vague », « elle a le regard vague », « je le connais vaguement », il y a tout le flou, l'indéfini, l'aquarelle et la vitre embuée, ce qu'on voit sans le voir, ce qu'on dit sans s'engager, ce qu'on comprend à peine, sans chercher plus loin. Le presque, le juste un peu. Les aveux du bout des lèvres, les sentiments du bout du cœur, l'atermoiement comme une vertu. Le « je ne sais pas » érigé en principe.

C'est vague, je sais.

Mais il y a le « vague à l'âme », qui n'est souvent qu'un mal au cœur, une ombre de mélancolie doublée d'un léger vertige, une incertitude pas totalement désagréable, un regret qui n'en est pas un, un remords qui se déguise.

Et puis il y a la vague, jamais la même, multiforme et mystérieuse, frémissement de vaguelettes frangées d'une dentelle d'écume, poissons brillants sautant les uns par-dessus les autres, troupeaux de moutons turbulents finissant par s'étaler en rampant sur la plage, ou mastodontes d'eau glauque s'effondrant à leur tour, dangereux et sans pitié.

« Vague » est un mot qui cache bien son jeu, avec son « v » tout de douceur, son « a » ouvert sans arrière-pensée, et puis ce « gue » guttural, fermé. Du reste, je ne lui ai jamais trouvé que peu de rimes agréables, une fois passée « la bague », que toujours des jeunes filles jetteront au sein de l'onde, dans les contes de fées ou les poèmes romantiques. Au trop facile « divague » je préférerai cette fausse rime, cette assonance pourtant bien à sa place au cœur du sujet : « algue ».

« J'ai vu bouger tes mains dans le jardin des algues »

… et mon cœur plonge à la recherche de l'anneau.

Baliverne et billevesée

Baliverne a des grands pieds, pour les agiter dans le plat et pour écraser les plates-bandes.

Baliverne a une grande bouche qui fait bah !, qui bavarde et qui bavasse, qui clabaude et qui dégoise, qui jabote et qui patauge, qui sait tout sur tout et plutôt deux fois qu'une, qui affirme mordicus que deux et deux font plus… et terminus !

Et si par malheur vous avouez la moindre douleur, elle a la même et d'ailleurs sa belle-mère aussi, mais en beaucoup plus grave, carrément chronique, pas tout à fait mortelle mais presque, et vous repartez avec le diagnostic, le remède et l'adresse d'un praticien si ça ne suffit pas. Et vous vous sentez un peu honteux de n'avoir que cette petite douleur à offrir à sa science.

Même topo d'ailleurs pour votre automobile ou votre machine à laver, pour votre compte en banque ou pour votre retraite, elle connaît même une entreprise de pompes funèbres qui fait des prix sur les cercueils.

Mais vous ne pouvez sûrement pas lui en vouloir, elle y croit tellement ! Elle vous aime.

Billevesée sa cousine a des petits yeux, une petite bouche, des petites dents de lapin, un petit rire, un cerveau gros comme un petit pois, elle gambille et elle frétille sur les pointes de ses ongles incarnés, elle éparpille ses pensées minuscules, vous abrutit d'inutilités, elle ressasse, elle jacasse, elle fait des feux d'artifice avec rien, des levers de rideau sur le vide, des arcs-en-ciel de pacotille, des châteaux en papier crépon, des poupées de chiffon qui ne disent pas maman, des confitures de pétales de rose qui goûtent le concombre et des cornichons à la vanille, elle se coupe en quatre, en huit, en seize pour vous apporter tout ce que vous auriez pu avoir l'imprudence de souhaiter, même en rêve, et dont vous n'avez absolument pas besoin, elle ne le fait que pour vous plaire. Alors que faire ?

Vous ouvrez les mains. Vous lui dites merci, elle est si gentille.

Barboteuse

Elle a été, je pense, l'uniforme unisexe de plusieurs générations de bébés en rupture de couches. Juste après la fameuse photo, tout nu et à plat ventre sur une peau de bête (à laquelle j'ai échappé par miracle ou plutôt grâce à maman qui avait un sens assez aigu du ridicule).

Barboteuse, son nom la décrit assez bien avec ses consonnes « b, b, t » qui évoquent des petits pieds tapant dans l'eau, mais sans s'éclabousser plus que de raison, et le « euse » liquide renforce cette impression. C'est elle, la barboteuse, qui les incite à patauger, puisque c'est permis, elle est faite pour ça.

Ce petit vêtement, charmant au demeurant, était bouffant de partout : des manches « ballons » qui cerclaient les mini-biceps, jusqu'au volume de fronces entourant le postérieur et retenu aux cuisses par des élastiques. Le plastron était généralement orné de « smocks », ces petits plis rebrodés selon des motifs savants, mais impossibles à repasser.

La barboteuse habillait les garçons comme les filles, à peine voyait-on quelques variations dans les couleurs, souvent elles étaient blanches (ça passait à la lessive). Quand ils avaient de beaux cheveux, on laissait aux garçons leurs anglaises, ce qui amenait quelques confusions dont on s'amusait, jusqu'à ce que les pères traînent chez le coiffeur leurs marmots hurlants pour en « faire des hommes », laissant les mamans verser quelques larmes sur leur chérubin perdu.

On n'habillait pas encore les petits garçons en Tartarin de Tarascon, chasseur de fauves, et les petites filles en danseuses étoiles ou en princesses de Walt Disney.

Il reste au fond des cartons quelques photos touchantes et ridicules, mais les expressions des frimousses n'ont pas changé. En jeans ou en barboteuse, tête bouclée ou crâne rasé, les enfants n'aiment pas qu'on les photographie.

Arachnéenne

Je n'aime pas tellement les araignées. Je ne les déteste pas non plus, je n'en ai pas une phobie au point de pousser des cris perçants en me suspendant aux rideaux. Elles ne m'attirent pas, c'est tout. Je pourrais le cas échéant leur reprocher de dénoncer par leur présence mes piètres qualités ménagères. Mais n'ayant pas eu à me battre contre elles, je ne suis pas une adepte de la tête-de-loup. Tout au plus, je leur ferai grief d'un manque d'imagination créatrice dans le choix des motifs de leurs toiles.

Bien sûr, si on est du parti des mouches, on aura d'autres raisons de s'en plaindre.

Mais je ne voulais pas parler d'araignées. Parfois un mot en entraîne un autre, il fallait prendre ce chemin, et si on le décale un peu, si on l'oriente différemment, on découvre des merveilles inattendues.

Araignée, en grec, se disait Arachné, ce qui a donné, pour mon bonheur, Arachnéenne, adjectif magnifique et mystérieux, qui nous plonge dans un univers de dentelles, dentelles au fuseau, au filet, dentelles au crochet ou à l'aiguille, mantilles ouvragées dont s'ornaient les têtes des femmes à la messe du matin, dentelles des jupons, des guimpes, des corsages de nos aïeules, fermés au poignet par de minuscules boutons, au col par un chaste lacet de velours.

Les passionnées de dentelles, étrangement, s'approvisionnaient auprès des religieuses. Des ouvroirs des couvents sortaient des parures d'une sensualité folle, attendant leur incrustation sur des combinaisons, des déshabillés de crêpe de Chine vert Nil ou saumon.

Y pensiez-vous seulement, mes petites sœurs, en vous usant les yeux et les doigts sur vos ouvrages destinés à des pécheresses ?

Comme des petites araignées, vous reproduisiez inlassablement le même motif, entrelacé de « Je vous salue Marie » pour éloigner le diable. Qui sait, peut-être avez-vous sauvé quelques âmes, avec votre patience arachnéenne.

Ampélopsis

Qui est la belle Ampélopsis ? Déesse égyptienne, courtisane ou princesse ? Souple et frémissante, avec sa toison rousse, elle investit la maison, la circonscrit et la recouvre, elle monte jusqu'au toit, masque les pierres imparfaites, elle occulterait jusqu'aux fenêtres si on la laissait faire, elle pousse ses vrilles partout, vigne stérile on la dit vierge et elle s'en moque, au moindre vent elle secoue sa tignasse et on vient de loin pour l'admirer, elle flamboie, elle rutile, elle bruisse, triomphante, insoucieuse du méchant automne qui dès les premières gelées la laissera chauve, et la maison ingrate, désenchantée, ouvrira de grands yeux tristes, pleurant de toutes ses gouttières.

J'ai admiré de ces maisons, ornées de la toison flamboyante de la belle Ampélopsis, joyaux que l'été transfigure. J'ai rêvé comme on rêve de maison, et sans jamais passer à l'acte, et si même j'en avais émis le désir, les voix familières se seraient mises à grincer, les voix des briseurs de rêves : C'est rempli de vermine, il y a des araignées, tu ne peux pas laisser les fenêtres ouvertes, et d'ailleurs les racines abîment les pierres, c'est malsain et en automne, il faut ramasser les feuilles. Tu parles d'un entretien !

Et quand j'ai laissé mes pensées tourner autour d'une maison au bord de l'eau, près d'un lac ou d'un bras de rivière, une de ces maisons rêveuses, au bout du pied effleurant la surface, une barque attachée au piquet de la rive, dans l'ombre argentée des saules où on a l'impression de respirer de l'eau, les oiseaux de mauvais augure ont croassé : Mais c'est humide, c'est rempli de moustiques, les boiseries sont moisies et les tapisseries se décollent, et puis les enfants pourraient se noyer. Et quel entretien !

Ô belle Ampélopsis et vous fées des roseaux, évitez ces mortels qui devant un château ne voient que le nombre de fenêtres à astiquer, et qui de la beauté des choses ne perçoivent qu'un envers qui les décevra toujours !

Patarou (en grand...)

Je suis passée voir la Jeanne, elle attendait de la belle-famille, elle était en grand patarou. Je ne me suis pas attardée.

Si déjà elle se préparait à recevoir sa belle-famille, y avait motif ! La belle-famille (comme son nom ne l'indique pas), c'est la famille de l'autre côté, ces étrangers qui vous ont volé votre fille adorée (non mais quelle bécasse !) ou votre merveilleux fils (quel petit con, celui-là !), ces gens qui ne font rien comme vous tandis que vous ne faites rien comme eux (Ah ! vous mettez de la farine, vous ? chez nous on n'en met pas. – Il n'est pas un peu chaud votre four ? non ? Ah ! ah bon, nous on le met sur 4, mais c'est vous qui voyez).

Vous vous êtes regardés en chiens de faïence pendant la noce, mais ça commence à se tasser.

Et puis l'héritier mettra tout le monde d'accord, pourvu qu'il ait le nez « d'un côté » et la bouche « de l'autre ».

Bref, la Jeanne était en grand patarou. Depuis trois jours elle astiquait, lavait, frottait et depuis ce matin à l'aube elle courait partout, traçant des lignes, des cercles et des diagonales, rouge, essoufflée, caquetant et ébouriffant ses jupons comme une poule pondeuse ; elle avait réuni toute sa troupe, sorti du buffet la vaisselle de son mariage, les beaux verres de la tante Eugénie, les nappes brodées de sa grand-mère, les couverts étincelants, elle avait mis les grands plats dans les petits, ponctionné la cave, dépeuplé la basse-cour, décimé les salades, engueulé son mari, taloché ses enfants, égaré son portable, remporté haut la main la lutte pour obtenir la salle de bains et fini par accueillir la belle-famille ponctuelle, cheveux laqués et sourire réséda, pimpante dans son petit ensemble tout juste fini de repasser.

« Il ne fallait pas vous donner tout ce mal !

– C'est rien, voyons ! »

La Jeanne, en grand patarou.

Brunante

J'irai te voir à la brunante
quand le jour baissera les yeux
quand la lumière déclinante
hésitera au bord du bleu
J'irai te voir quand le pelage
D'encore chien et bientôt loup
assombrira le paysage
quand l'horizon deviendra flou

Et nous attendrons la noirceur
Avec moi tu n'auras pas peur

Sœurs

Qu'y a-t-il de plus proche qu'une sœur ? On vient du même endroit, on a habité le même ventre, on a bu le même lait, humé les mêmes odeurs, été bercées par les mêmes bras, entendu les mêmes berceuses, les mêmes mots doux.

Si on n'a pas la chance d'être nées jumelles, on se jalousera toujours, l'une d'avoir été évincée, l'autre d'en avoir manqué un épisode. On s'enviera la couleur des yeux de maman, la forme des oreilles de grand-père, on subira ensemble le nez de papa, ou son caractère, on encaissera bon gré mal gré les comparaisons : « Elle sera mince, elle ! » quand à quinze ans on abordera son premier régime, et qu'« elle » se vautrera dans le chocolat (les adultes sont des bourreaux !). On aimera, puis on n'aimera plus du tout qu'on nous habille pareil, plus tard on se chipera des fringues dès qu'on le pourra, on se détestera, on s'enverra des réveils à la figure, des araignées dans le cou, on se fera les pires vacheries et on pleurera dans les bras l'une de l'autre, on ne se comprendra jamais, on s'en voudra toujours pour une gifle ou une poupée cassée, pour un oubli, pour une indiscrétion, et puis on ira marcher dans des forêts, sur les bords de la Seine, on prendra des fous rires pour des idioties que nous seules comprendrons, qui nous feront nous tordre encore, dix ans, vingt ans après, on s'oubliera parfois (zut ! ma sœur !) mais on saura que cette incontournable, cette irremplaçable, on ne s'en débarrassera pas comme ça, tout comme sur les genoux de maman, et que si elle venait à manquer, on se retrouverait coupée en deux.

On n'y peut rien c'est dans le sang,
La faute à papa et maman.
C'est mon souci c'est ma douceur
C'est ma sœur.

Humus

Il me saute aux narines, il me nimbe, il m'étourdit, me fait pousser sous les pieds des radicelles et des feuilles le long des bras. Il me vole tous les mots : sous-bois, champignons, noisetiers, rayures obliques de soleil entre les troncs si parallèles, et même fougères, ces fougères au nom si beau qui abritaient, disait-on, des vipères, et dont on devait se méfier, ne les aborder que chaussée de bottes. Il me vole aussi les ronciers où je me déchirais les mollets dans les courses effrénées de mes treize ans sauvages.

Humus, il me monte à la tête, il me saoule, me désoriente même s'il me laisse entrevoir, au coude d'un sentier, une biche et son faon, une renarde suivie de ses petits, une famille de hérissons, s'il m'offre un tapis de fraises des bois ou de trompettes de la mort, une débauche de muguet, de pervenches et de sceaux de Salomon, s'il me frissonne aux oreilles, de ses bouleaux, de ses chênes, s'il me blesse de ses houx, il me signale qu'il est là, dans ses mousses et ses brindilles qui craquent sous mes pas, ses glands tombés qui ne germeront plus, ses feuilles mortes réduites en charpie, et son odeur, son odeur si familière et si sauvage, qui me remplit et stagne quelque part en moi, qui ne veut pas que j'oublie, et qui me murmure : « C'est de là que tu viens, et c'est là que tu vas. »

Et moi, la citadine, je sais pourtant qu'il dit vrai. Humus. « H » aspiré, maman.

Mot

Pourtant quel joli mot que mot
Je le poursuis mais il m'échappe
Quand je crois que je le rattrape
Il me laisse sur le carreau

Je lui prépare son berceau
Garni de couvertures chaudes
Et je me retrouve penaude
Il n'a pas sommeil de si tôt

Quand à la fortune du pot
J'essaie d'en faire mon convive
Je me procure quelques grives
Mais c'est un merle qu'il lui faut

S'il veut chanter comme un oiseau
Je ferai venir la musique

Il n'aime pas les harmoniques
Il se tire illico presto

Cependant je le trouve beau
Pour le dire ma bouche est ronde
Je le savoure et je le gronde
Je le veux parmi mon troupeau

Il résiste il fait le gros dos
Et cabochard il me tient tête
Mais je sais pourquoi il s'entête
C'est pour être mon dernier mot

S'enticher

Il s'était entiché… d'une créature improbable ! Elle ne pouvait qu'être improbable, tant cet « entichement » dégoulinait de mépris. Ça venait-il du son « che » tordu au coin de la bouche comme un crachat ? Et s'il se fût amouraché, eût-il mérité la même condescendance due au semblable chuintement ? Bon ! elle était sa lubie, son fétiche, sa coqueluche ! Est-ce à dire qu'une subite allergie le saisissait à son approche ? À son accroche, devrait-on dire ? En bref il en était toqué, il en pinçait pour elle, il en raffolait, il en était affriolé, émoustillé, à travers tous les verbes qui passaient, il la voulait !

Elle l'a eu…

Trois otaries

Je gisais dans mon fauteuil – oh ! mon fauteuil !! –, j'écoutais les infos à la radio – ce n'est fait que pour ça, et le fauteuil et les infos ! –, en réalité, je somnolais, entre deux eaux, dans cet état presque agréable où on ne sait plus tout à fait qui on est, et où – lorsque j'entendis dans mon agréable brouillard une femme parler de « trois otaries » et la suite m'échappa dans l'instant. Trois otaries ? Où ça ? Étaient-elles sorties du zoo, descendaient-elles les Champs-Élysées, nageoire dessus – nageoire dessous ? Faisaient-elles les boutiques ? Ou glapissaient-elles de rire sur la grande roue place de la Concorde ? Avaient-elles décidé de rejoindre la Seine, l'espérant moins polluée que leur bassin d'eau croupie (sans vouloir offenser qui que ce soit, surtout pas leur soigneur. Mais j'aime bien ce mot « croupie », allez savoir pourquoi.

Il fait penser à « accroupie », à « crapaud »... (Qu'on me pardonne, j'émergeais d'un rêve...) ? Mangeaient-elles une glace chez Berthillon, fouillaient-elles les rayons de chez Picard, dans l'espoir de retrouver leur chère banquise ?

Hélas ! la suite me détrompa. Que disait cette femme ? Foire de Paris ? Trois otaries, Foire de Paris ? Trois otaries ? Mes oreilles m'avaient trompée, à moins que ce ne fût mon rêve ? Car enfin, qu'auraient pu faire trois otaries à la Foire de Paris ? Et moi donc ! J'entendais parler de machines, d'assurance, de crédit, de voiture !... Je retournai dans mon fauteuil, sur ma banquise...

Chères otaries !

Un bout de rêve en passant... et merci à la journaliste qui mâchait ses mots... avec des glaçons !

Égosille

Derrière chez moi y'a des maisons
quelques fleurs sur quelques balcons
un merle s'égosille
rime facile : il fait des trilles

à dire plus on dirait trop
c'est un Mozart chez les oiseaux

Crédule

Crédule crédule
entre crédence et pendule
entre silence et scrupules
  j'ondule

À chaque fois qu'on m'a dit
je t'aime pour la vie
j'ai tout mis dans la balance
mes maisons et mes enfances
mes cuillers mes bigoudis
mes bouteilles de chianti
mes bouquins et mes chaussettes
tout ce que j'avais dans la tête

puis un jour c'était bien fini
c'était plus pour la vie
je plantais là mes affaires

j'avais plus rien à en faire
à part un bébé parfois
que je gardais pour moi

Crédule crédule
entre chiendent et renoncule
entre aurore et crépuscule
  je bascule

Une autre fois qu'on m'a dit
je t'aime pour la vie
j'ai tout donné pêle-mêle
mes chagrins et mes gamelles
mes oiseaux de paradis
les mots qu'on n'a jamais dits
les fous rires et les taloches
les baisers de fond de poche

puis un jour c'était bien fini
c'était plus pour la vie
j'abandonnais mes claquettes
mes torchons ma mobylette
partais avec ma smala
trouver un nouveau toit

Crédule crédule
écuyère ou funambule

admirable ou ridicule
   Je brûle

Vous qui n'avez jamais dit
je t'aime pour la vie
je me change en libellule
plus besoin d'être crédule
je n'ai plus rien à vous donner
alors vous pouvez m'aimer

Grigne-boëche et déquenia

– Je suis passée voir la Gisèle !
– Elle faisait encore le meufion ?
– Pétard ! ce qu'elle est grigne-boëche,
S'arrange pas avec le temps.
– Elle sourit quand elle se brûle !
– Et elle ne se brûle pas souvent !
– Tu as vu ce grand échalas ?
D'après sa mère, elle mange pas.
– Madame, elle est trop déquenia !
– Il lui faudrait des ortolans,
Manger à la table des princes,
Et patati et patatsoin !...

Mais il faut que je traduise
ce patois que je pérennise
pour moi seule au jardin d'enfance.
Le meufion c'est le museau,

le mufle qui rallonge et méprise,
grigne-boëche, c'est la bouche froncée en paraphe,
mais quand elle sourit en sourdine
tout son visage s'illumine
comme un soleil après la pluie…
Déquenia veut dire difficile
elle ne mange pas n'importe quoi
elle est gourmette c'est un crime ?
pourquoi voulez-vous que ça rime ?
C'est de la prose
ou bien ça fait semblant

Était-ce du patois bressan
ou celui de mes grands-parents, de Saône-et-Loire,
ou les souvenirs d'une enfant, allez donc voir,
c'est facile et·c'est pas méchant
ça fait du bien quand on est seule
encore plus quand il y a des gens…

Elle faisait la gueule !!

Au dépourvu

On me téléphone un dimanche. Un dimanche ? Je ne me méfie pas. C'est une erreur. Ou une voix au bout du monde qui dit : Je m'appelle Jacky ! Jacky ? tu parles ! Bon ! Je raccroche. Ah non ! Bonjour ! comment vas-tu ? (silence) Vous me prenez au dépourvu. Sans peau sans hublot sans scaphandre et sans moyen de me défendre sans doliprane et sans armure sans antidote sans chaussures sans mon doudou et sans mes fraises tagada, sans pyjama ! Comment survivre à ce coup-là ?

Vous me parlez de quelque chose
Vous me cueillez comme une rose
Ce n'était pas dans mes circuits.
J'ai pas envie.
Il fait dimanche, il est soleil
Je ne sais pas je me réveille…

Ça vous fera du bien ! Pourquoi ?
J'ai mis un rêve de côté
Je dois l'apprivoiser.

Juste accepter d'être méchante
Juste dire que ça me chante
Pas !
Ne pas laisser la porte ouverte
Barricader la boîte aux lettres
Et ces mécanismes bavards
Et dire avant qu'il soit trop tard
Ben non vraiment j'ai pas envie !

Écouter si le monde s'écroule
Pas le moindre caillou qui roule
Pas un éclair
Et pas un tremblement de terre…

J'ai dit non !
J'l'ai fait Maman !
J'suis grande maintenant !

Jongleur

On les nommait tous des jongleurs, acrobates, magiciens, marionnettistes, danseurs, comédiens, musiciens… et même lanceurs de balles et de couteaux, tous ces artistes, vagabonds, clinquants mais pouilleux, montreurs d'ours ou de pauvres hères contrefaits. Par troupes ils couraient les routes, s'arrêtant aux foires et aux châteaux, présentant leurs talents choisis selon le paiement qu'ils en espéraient, un repas ou un coup de trique, le foin d'un grenier, quelques pièces ou des moqueries, rarement un lit…

Ce Moyen Âge qui m'a tant fait rêver que j'en étais ensorcelée, à mesure qu'on me l'enseignait, on me désenchantait…

Ces bateleurs si séduisants se révélaient brutes ou filous, misérables mais pourtant poètes, émerveillant les badauds qui attendaient qu'on les fasse rêver, méprisés par les riches, enviés par les miséreux…

Avec le temps se précisa cette notion de jonglerie, et les jongleurs devinrent ceux qui lançaient des balles, des matraques, parfois même des sabres et des couteaux.

Tout ce qui traînait en moi de Moyen Âge est resté fasciné, amoureux de ceux-là qui faisaient vivre et danser les balles selon des figures toujours nouvelles.

J'ai eu le privilège un jour, sur une scène de théâtre, de voir un artiste magnifique jongler avec des plumes, s'agenouillant soudain devant une femme assise au premier rang des fauteuils, une Chinoise aux yeux clos, et lui racontant ce qu'il était en train de faire, lui posant une plume sur la main. Le public était pétrifié…

Il m'avait rendu la poésie de mon Moyen Âge…

et depuis je continue à jongler. Avec les mots…

Sous-fifre

Ayant à faire une démarche dans une quelconque administration, je demandai à voir le directeur. On m'envoya à un sous-fifre… J'adore les fanfares, les orphéons, j'aime écouter leur musique, leurs airs appuyés mais joyeux, rythmés de poum ! poum ! sonores qui font qu'on ne peut se retenir de marquer le pas !

Je m'enchante aussi à contempler leurs cuivres rutilants, aux formes parfois étranges, le tuba, l'hélicon (pom pom pom pom), l'énorme soubassophone dans lequel on se glisse et qui porte son pavillon en forme de soleil ! Plus modestes mais conquérants, les trombones, toujours devant (tiens pourquoi ? Posez-vous la question stratégique !), les trompettes bien sûr, la gamme des saxos, les clarinettes, les flûtes, en allant jusqu'au fifre, le plus petit avec ses sons aigus à vous décrocher les oreilles ! C'est vrai qu'il est petit le pauvre, il n'attire pas un intérêt démesuré ! Mais alors : sous-fifre, pensez-y ! Quelle modestie !! ou quel mépris !

Je serai gentille avec lui !
Il en a besoin !
Peut-être se souviendra-t-il de moi quand il sera devenu flûte traversière !!

Dinosaure

Je suis un dinosaure. J'écris au feutre sur des cahiers, des petits cahiers d'écolier avec des pages carrelées.

J'en ai deux jaunes avec un rhinocéros sur la couverture.

Achetés au magasin bio.

C'est dire si je suis écolo !

Il y a le 1 et puis le 2, une fois c'est l'un (le brouillon) et puis c'est l'autre (au propre, comme on disait avant !). J'écris à la main, même si ça fait un peu mal. C'est stoïque ! (Je ne sais pas si ça se dit encore, les mots, c'est drôle, parfois ils disparaissent… on en met des autres à la place, que les dinosaures n'aiment pas beaucoup.)

Les autres mots, j'aurais pu les apprendre oh ! je ne suis pas plus bête qu'une autre (enfin, ça dépend laquelle…) mais je n'avais pas envie. Et un dinosaure qui n'a pas envie, je vous dis pas !

Quand les mots sont passés du premier au deuxième cahier, je sors de chez moi (n'oublie pas ta clé !), je traverse la rue et j'entre chez Patricia qui n'est pas un dinosaure ! enfin, pas le même modèle ! (Patricia, elle a toujours froid, même l'été elle a sa parka on ne sait jamais.)

C'est une magicienne, elle lit mon écriture et passe les mots du cahier 2 sur son écran. Et on fait comme ça et ça marche.

Patricia elle aime les mots et les mots se laissent ranger comme des petites brebis.

Elle n'est pas rebutée par les dinosaures, la preuve !

Alors je reprends mon cahier n° 2 et je rentre chez moi.

Merci Patricia !

Amour

J'ai rien à dire
ou alors trop !

Merci à Patricia.

Merci à Philippe pour cette belle idée
qui m'a envoyée sur de nouveaux chemins.

Table

RÉALISATION : NORD COMPO À VILLENEUVE D'ASCQ
IMPRESSION : NORMANDIE ROTO IMPRESSION S.A.S. À LONRAI
DÉPÔT LÉGAL : FÉVRIER 2019. N° 142493-8 (2102427)
Imprimé en France

DANS LA MÊME COLLECTION

Derniers titres parus

La Première Phrase
599 incipit ou façons d'ouvrir un livre
Elsa Delachair

Imaginez une première phrase.
D'apparence soignée et appliquée, elle donne le *la*, les premiers mots, le ton, la mesure. Ici, on la reconnaît car elle est célèbre. Là, elle peint ses doutes ou fait un point sur la météo. Ailleurs, elle raconte ce qui la précède. Plus loin, elle s'élance à grande vitesse, elle déclame, elle chante. Là-bas, elle donne le ton, elle entre en fanfare et grandes pompes.
Dans son dos, lisant par-dessus son épaule, c'est bien le lecteur qui trouve sa place. Et avec elle, traverse les siècles de littérature à dos de géant.

Points n° P4841

Figures stylées
Les figures de style revisitées par les élèves et expliquées par leur prof
Mathilde Levesque

Avec un humour grinçant et une tendresse non dissimulée, Mathilde Levesque s'amuse à passer au crible de la rhétorique le discours de ses élèves. En ressort ce petit dictionnaire des figures de style, où cohabitent définitions parfaitement académiques et illustrations souvent déjantées…

Points n° P4842

Mes mots sauvages
Geneviève Brisac

Geneviève Brisac nous offre les mots de son choix, ses « mots sauvages » : de *hop* à *vertu*, en passant par *barbarie*, *espoir*, *secrétaire* ou *bien* – « qui ressemble à un petit fauteuil » –, ils sont tour à tour pleins d'esprit et d'érudition, singuliers, malicieux et drôles, intimes et personnels, empreints de culture juive et de références littéraires, et sont l'expression de son féminisme, de ses révoltes et de ses engagements.

Points n° P4902

D'où vient cette pipelette en bikini
qui marivaude dans le jacuzzi
avec un gringalet en bermuda ?
Dico des mots aux origines amusantes,
insolites ou méconnues
Daniel Lacotte

Daniel Lacotte rassemble dans ce dictionnaire désopilant les mots issus de noms propres et leur histoire rocambolesque, de Louis de Béchamel à Mazarin en passant par Hercule, Candido Jacuzzi ou Félix Kir.
Saviez-vous par exemple que *mécénat* venait du nom de Maecenas, le Romain qui favorisa l'essor de la culture à l'époque de l'empereur Auguste ? Ou encore que le *bermuda* désignait à l'origine les shorts portés par les policiers britanniques de l'archipel des Bermudes ?

Points n° P4913